中世怨霊伝

敗れし者たちの群像

関 幸彦

教育評論社

はしがき

本書は、貴族世界の怨霊を扱うⅠ「政争と怨霊」、そして武士世界を軸としたⅡ「怨霊と内乱」、さらに能・謡曲をテーマとするⅢ「修羅の群像」の三章構成とした。

対象は平安王朝の象徴ともいうべき摂関期、さらに院政期での敗者たち、あるいは源平争乱期から鎌倉初期までが対象となる。

歴史上の敗れし者を耕す試みには参考すべき先行研究も多い。王朝云々について言えば、昨今のNHK大河ドラマにちなむ書籍が山のように出版されている。本書も広くはそうした流れにあることは否定しない。それはそれとして、多少でも歯応えのある中身が提供できるかと思う。勝者とは別に、歴史に埋没した敗れし者に光を当てる、そんな試みから、初期中世の裏面史を叙した。

本書は、以前に出版した関連書のいくつかを〝合体〟し、〝整形〟をほどこしたものだ。その点ではいささかの後ろめたさもある。けれどもかつてのものとは内容や構成において、配慮を加えたつもりだ。各章での連携を含め、フレームは明確なものとなっているかと思う。文章の細部にも意を払い、画像・系図・年表などにも留意した。なお、Ⅲ章が能・謡曲関係の作品に言及した関係から、筆者にご縁がある能楽師の方々による鼎談も付載させていただいた。参考にしていただければ幸いである。

中世怨霊伝◎目次

装幀＝中村友和（ロバリス）

I　政争と怨霊

ここでは十～十一世紀の時代枠で、王朝政治史を語りたい。〝王朝〟の語が最も似つかわしい時代だろう。藤原氏が摂政・関白を独占した、いわゆる摂関政治隆盛の時代だ。宮廷内に多くの才女が登場する、女房文学の時代でもある。多くの読者の平安時代のイメージは、この藤原氏の栄華に由来する。章名のもとで、貴族世界の裏面に迫りたい。中身の多くは多分に『大鏡《おおかがみ》』による。藤氏が王権の一部を摂関政治という形で請け負うこと、これが王朝政治の本質でもある。小見出しに付した「三平《さんぺい》」（時平《ときひら》・仲平《なかひら》・忠平《ただひら》）なり、「三《さん》道《どう》」（道隆《みちたか》・道兼《みちかね》・道長《みちなが》）の表現は、その『大鏡』が語るものである。語感の親しみもあり、王朝時代の藤原氏をイメージできるキーワードということになる。

　ここで指摘しようとするのは、その藤原氏の来歴だ。源氏でも平氏でもない、藤氏についての話である。むろん主題は敗れし者の怨念・怨霊である。そこには菅原道真《すがわらみちざね》が、あるいは源高明《たかあきら》が、さらには藤原忠文《ただふみ》、そして元方《もとかた》がいる。あるいは生霊《いきりょう》として著名となった藤原朝成《あきひら》や顕光《あきみつ》のことも触れることになる。王朝貴族の栄華は、他方ではこうした人々の宿怨と表裏の関係にあった。この点をふまえることで王朝の政治の流れはより豊かなものになるはずだ。貴族の世界に散りばめられた怨霊の風聞をさぐることで、平安時代の裏面史を耕したいと思う。

一　怨霊と王権

「三平」の時代

太郎左大臣時平《ときひら》、二郎左大臣仲平《なかひら》、四郎太政大臣忠平《ただひら》、……この三人の大臣たちを、よのひと「三平《さんぺい》」と申き。

『大鏡《おおかがみ》』は基経《もとつね》以後の藤氏の血脈をこう語っている。「大宅世継《おおやけのよつぎ》」、この奇妙な名の翁が藤原氏のサクセス・ストーリーの語り手だ。〝大宅〟とは、公であり朝廷を意味する。〝世継〟とは、世の転変、移りかわり、という意にほかならない。道長《みちなが》時代の晩年に属する万寿《まんじゅ》二年(一〇二五)を〝今〟そして〝現在〟に設定し、道長にいたる藤原氏の流れを列伝風に語った作品、これが『大鏡』である。「世継物語」の別名も、作者の分身たる大宅世継を介して王朝史をひもとくとの設定に由来する。

その『大鏡』は時平について、「基経のおとゞの太郎也」と記し、母は仁明《にんみょう》天皇第四皇子人康《ひとやす》親王の娘とする。菅原道真《すがわらのみちざね》との確執については、さほどの脚色もなく〝歴史そのまま〟の形で語られている。ただし時平の一族が短命であったこともあり、それが道真の怨霊と結びつけられたようだ。怨霊との関係では、雷神となった道真に時平は太刀を抜きつつ、「御身は生前、私の次位にあった。たとえ死後雷神となったとしても、この世では私に遠慮すべきだ」と、威嚇したという。雷神も一時、このため鎮まったとある。

　世継が指摘するところでは、それは決して時平の力ではなく、「王威のかぎりなくおわしますによりて」の故だった。『大鏡』が指摘する「王威」とは、醍醐《だいご》天皇をふくめたこの時代の王権の力をさすのであろう。道真（雷神）もさすがに天皇の権威の前では、遠慮したということか。ただし、説話史料などには、雷神たる道真の怨霊の力（霊威）の前には、「王威」もまた屈服する流れとなる。『十訓抄《じっきんしょう》』がそうだ。道真左遷の責をおい、冥界で苦しむ醍醐天皇の姿を、蘇生した日蔵《にちぞう》上人（三善清行の子）が語るという場面だ。ここには説話的世界ながら、「霊威《れいい》」が「王威」も凌駕《りょうが》する状況が示されており、『大鏡』的記述との相違にも、留意すべきだろう。

　つづく仲平については、「枇杷《びわ》の大臣《おとど》」と称され、「この殿の御心、まことにうるわしく」と語られている。子息の記述もなく、特筆すべき記載が少ないようだ。そして最後は貞信公《ていしんこう》忠平である。そこには、忠平の豪胆を示すつぎのような話も見えている。

ある夜、陣座に赴く途中、忠平は紫宸殿《ししんでん》の背後に物怪の気配を感じた。物怪の正体は「毛はむくむくとおいたる手の、爪ながくて刀の刃のようなるに、鬼なりけり」というものだ。そうした折でも臆した様子を見せず忠平は、「勅命を受け、評定に参ずる者を脅すとは何事か」と、太刀を抜き鬼に立ち向かった。その胆力の故に鬼も鬼門の東北の方へと鬼も逃げ出した、という内容だ。忠平の冷静沈着さと胆力を示す挿話である。

天暦《てんりゃく》三年（九四九）、七十一歳で没するまでに公卿として四十二年、その間、大臣の位に三十二年、摂政として二十年の長きにわたり執政の座にあった。朱雀《すざく》から村上両朝におよぶ期間、年号は承平《じょうへい》（九三一～三八）・天慶《てんぎょう》（九三八～四七）、そして天暦（九四七～五七）とかわった。将門《まさかど》の乱・純友《すみとも》の乱は、まさにこの忠平の時代の大規模な兵乱だった。

三平の時代は、他方で「延喜《えんぎ》・天暦の治」が現出した時期でもある。醍醐・村上両天皇の年号に由来する。中国の古代伝説上の聖王・堯《ぎょう》や舜《しゅん》になぞらえ、王の徳治を讃えたことによった。唐の太宗《たいそう》の「貞観《じょうかん》の治《ち》」も玄宗《げんそう》の「開元《かいげん》の治《ち》」の表現も同様だ。儒教的な徳治主義を〝文明〟として受容したわが国は、これを是として血肉化した。

その意味では理想化された王権のイメージが、日本的に加工され登場する時代、これが平安王朝の時代であり「延喜・天暦」にこめられた意識とはこんなところだった。「王威」が再生・強調される理由もこれにかかわる。

怨霊云々にひきつけていえば、『扶桑略記《ふそうりゃくき》』（平安末期に成立した編年の仏教史書。高僧略伝や奇瑞譚などの記事も多い）に載せる次の記事も注目される。大宮司安倍近忠《あべのちかただ》なる者に「雷公《らいこう》」（道真）の霊が、乗り移り以下のような託宣を与えたという。

我レ西ニ行クノ時、故貞信公《ていしんこう》ハ右大弁《うだいべん》トシテ、我ノ遠行《えんこう》ヲ歎キ、タガイニ消息ヲ通ス、左大臣ノ謀計ニ同クセズ、此ニ由リテ彼ノ家ノ子々孫々摂政絶ヘズ……

道真の怨霊が自己のその後を語る場面だ。ここには兄時平の謀計に加担せず、筑紫に消息を通わす温情家の忠平の姿が語られている。右の道真関係の記事も一条天皇の時代に託宣という形で道真の霊が清涼殿におもむき、自身の苦渋を語るというものだ。道真配流後、ほぼ一世紀を経過したこの時点でも怨霊の一件が取沙汰されるあたりに、道真左遷事件の影響力の大きさがうかがわれる。

それとともに留意すべきは増幅された忠平像だろう。時平の子孫が道真の宿怨で滅亡したのに比べ忠平の場合は、道真の霊に守護され子孫が繁栄するというものだった。そこには摂関の血脈が忠平系に移ったことで〝延ばされた〟伝説のおももちもある。このあたりは、鎌倉期の史論書『愚管抄《ぐかんしょう》』にもふれるところだ。「菅丞相ノ筑紫へオハシマシケルニモ、ウチ〳〵ニ、貞信公ハ御音信《いんしん》有り」と。

その忠平には次のような逸話もある。醍醐帝の時代、一人の相者《そうじゃ》（人相見、占師）が宮中を訪れ、醍醐天皇、皇太子保明《やすあきら》親王、そして時平、道真と面謁し、各人を評し次のごとく語っ

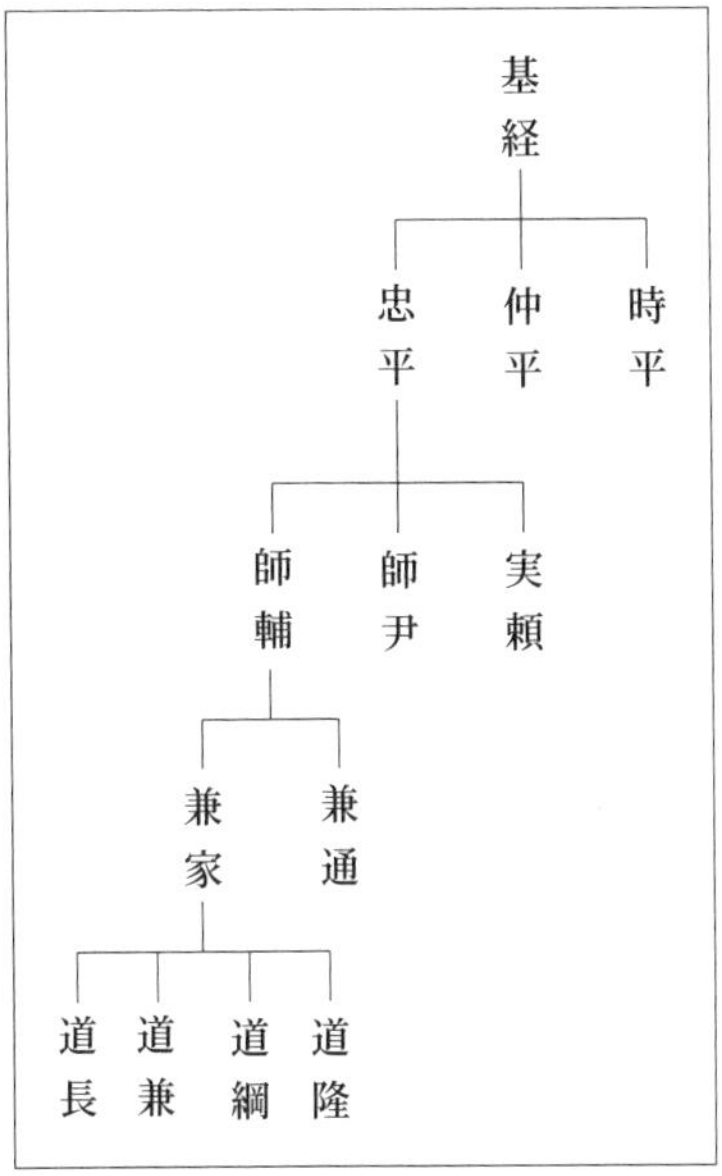

たという。帝は国主の器だが、皇太子保明は容姿が立派にすぎること、時平はその「賢慮」さの故に、さらに道真は「才能」過多の故にいずれもが「この国に叶わず」ということだった。ただし、末座にいた忠平を指し、相人は才能・心ばせ・形姿にいたるまで、申し分なしと語り、忠平のリーダーたる資格を語ったという。

『古事談』に見えるこの説話も、後世の忠平像の演出という点は共通する。

冥界からの消息

忠平《ただひら》は平将門《まさかど》とも深い関係があった。乱以前にも将門は忠平を私君と仰いでいた。

ソモソモ将門、少年ノ日、名簿《みょうぶ》ヲ太政大殿ニ奉ジテ数十年、今ニ至リヌ。相国摂政ノ世ニ意ワザルニコノ事ヲ挙グ。歎念ノ至リ勝ゲテ言ウベカラズ。将門、傾国ノ謀ヲ萌セリトイエドモ、何ゾ旧主ノ貴閣ヲ忘レン。

これは『将門記《しょうもんき》』が記す天慶《てんぎょう》二年（九三九）十二月十五日付の忠平宛の将門書状の一節だ。ここには若き日の将門が忠平を主君と仰ぎ主従の関係にあったことがわかる。旧主に敵対した将門の心情と旧主忠平への弁明が窺われる。『将門記』によれば、この時期の直前に将門は常陸国府を襲撃、下野・上野へと侵攻、新皇と称した。この忠平宛書状は、将門自身の行動の正当性を忠平に語ったものだった。「将門スデニ柏原《かしわばら》帝王（桓武天皇）ノ五代ノ孫ナリ。タトヒ永ク半国ヲ領センニ、アニ運アラズト謂《い》ワンヤ」との表現は、王胤《おういん》としての自負を語るものだろう。

この将門書状の内容云々は別に譲るとして、留意したいのは、中央（都）と地方（鄙《ひな》）はこの当時、思うほどに隔絶されていなかった。中央政界との人的チャンネルは、地方の「兵《つわもの》」世界にあっても豊かだった。地方名士とでもいうべきかれらは、王臣家を含め、権門と私的関係を結ぶことで、勢力を拡大する。「天ノ与ヘタルトコロハ、既ニ武芸ニアリ」と、自己を語る将門は、「兵威ヲ振ヒテ天下ヲ取ル」ことの正当性を、主君忠平にしたためてもいた。「王威」を抱くことで中央政

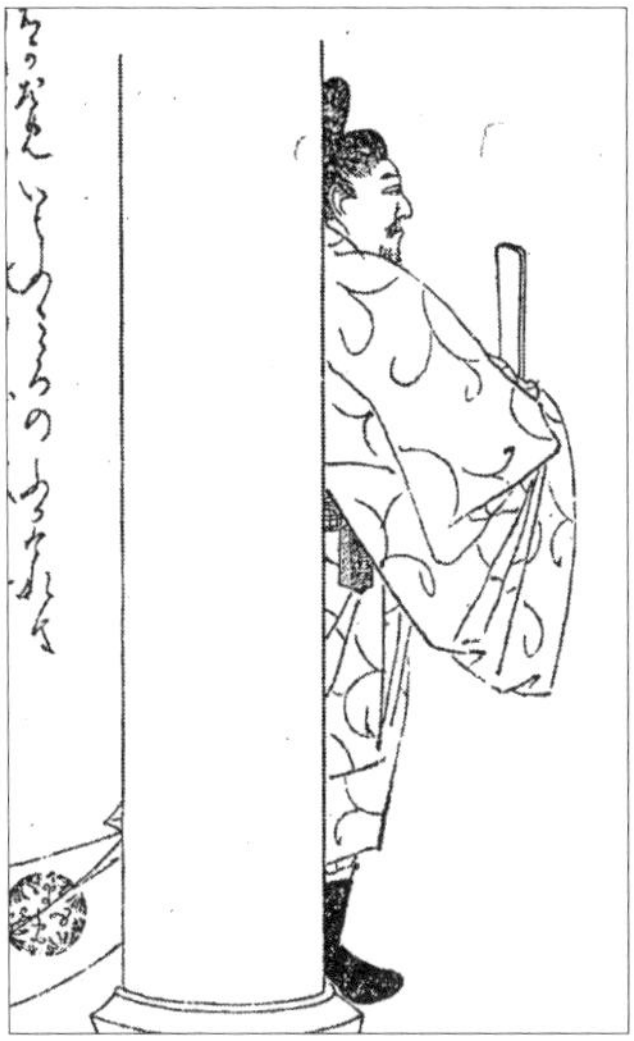
藤原忠平（『前賢故実』巻第5、国立国会図書館蔵）

平将門(『平将門故蹟考』国立国会図書館蔵)

界に君臨した忠平、「兵威」を振うことで坂東を覚酔させた将門、この両者の関係はそれなりにおもしろいものがある。

ちなみに『将門記』には、乱後の天慶《てんぎょう》三年(九四〇)六月付の消息という形で冥界の将門からのメッセージが載せられている。託宣《たくせん》という形式だ。将門は言う。「予、在世ノ時ニ一善ヲモ修セズ。コノ業報ニヨリテ悪趣ニ廻ル」と。地獄でのその姿を「愛苦ノ剣林」(叫喚《きょうかん》地獄の一つで林立の剣に亡者を追い込める)、「鉄囲《かなち》ノ煨燼《かいじん》」(鉄の箱の中で肝を焼かれる)、「楚毒」(激しい鞭打の痛み)の苦しみとして語っている。

「亡魂ノ消息、右ノ如シ」と伝えられたこの将門からの伝言とは、将門に仮託させた作者なりの意思だった。「口ニ甘シトイヘドモ、恐レテ生類ヲ食スベカラズ。心ニ惜シムトイヘドモ、好ミテ仏僧ニ施シ供ウベシ」との仏教的感性は、その最たるものだろう。将門の霊が語るには、「冥官暦《みょうかんれき》」は「日本国ノ暦」に換算されていた。『将門記』成立期とのすり合わせを考えるための素材ともなろう。ちなみに『扶桑略記《ふそうりゃくき》』によればこの時期は、『往生要集《おうじょうようしゅう》』が流布し、地獄観念も広まった。加えて「末法」云々が指摘される状況も登場しはじめる。将門の亡魂の「冥界消息」はそんな時代の産物でもあった。

ここで想起されるのが「僧妙達《そうみょうたつ》蘇生注記《そせいちゅうき》」だ。越後の僧妙達が冥土に赴き、蘇生後に故人の消息を世人に伝え、生前の善行を進めるというものだ。『三宝絵詞《さんぼうえことば》』（永観二年〈九八四〉、源為憲《ためのり》が尊子《そんし》内親王に献じた）に収録されたもので、こうした冥土物語は十世紀以降に流布したらしく、将門関係でいえば、『扶桑略記』所収の『道賢上人冥途記《どうけんしょうにんめいどき》』なども同様だろう。

抄訳すれば、閻魔庁のもとで、妙達は自分の檀越《だんおつ》（お布施をする信者）たる忠平の行方を尋

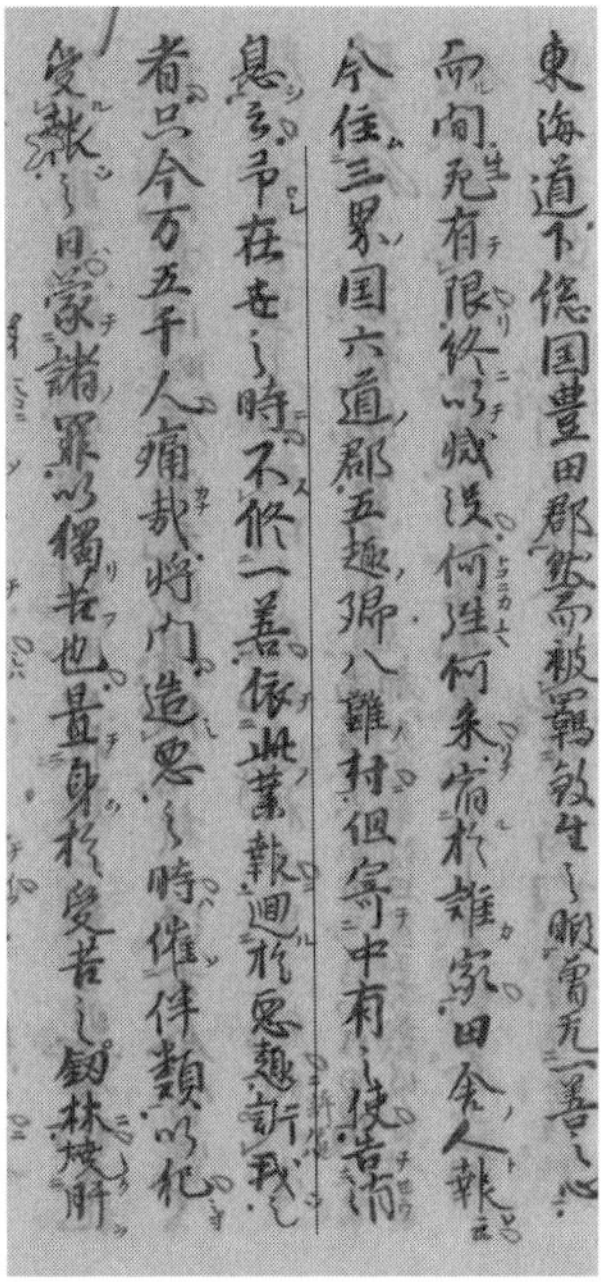

『将門記』（京都大学附属図書館蔵、部分、改変〈傍線〉）

ねたところ、忠平は生前に除目《じもく》を心に任せ行った罪で、「九頭龍《くずりゅう》」に変身させられたとする。さらに将門の場合、前世での功徳により「天王」になったとされる。このあたりは、いくつかの冥土物語でも、東国を基盤として創られた僧妙達の世界は、将門＝「天王」説が語られており、東国的感性も看取できる。忠平評とは逆の観点が与えられていた。そこでは忠平を、除目を自由になした罪深き人物と解し、彼の卓越性を語った多くの説話類と異なる内容となっている。忠平を将門の敵役として設定した冥界譚ともいえそうだ。

「天神」と「新皇」

この十世紀前後の三平《さんぺい》時代は、道真《みちざね》の怨霊問題がかまびすしい。『将門記《しょうもんき》』にもその道真の怨霊が登場する。例の「新皇」即位の場面だ。天慶《てんぎょう》二年（九三九）十二月、上野国府に侵攻した将門《まさかど》は、ここで八幡大菩薩《はちまんだいぼさつ》の託宣を与えられる。

朕ガ位ヲ蔭子《おんし》平将門ニ授ケ奉《たてまつ》ル。ソノ位記《いき》ハ、左大臣正二位菅原朝臣ノ霊魂表スラク、右、八幡大菩薩、八万ノ軍ヲ起シテ、朕ガ位ヲ授ケ奉ラム。

ここには八幡大菩薩と道真の霊魂（天神）が、将門の地位を承認するものとして登場する。以後、将門は「新皇」とよばれるが、それは京都の「本皇」（天皇）との対比として用いられる。東国（坂東）の自立的気分が内包された表現ということになる。この「新皇」認知にむけて、怨霊と化した道真が登場するのは興味深い。中央の王権のもとで犠牲となった怨霊が東国の反乱者たる将門に味方し、復讐するとの構図である。都の王権とは異なる新しい世界を坂東に創出するとの解釈だ。「新皇」は柏原天皇（桓武）の子孫として、中央とは別個の王権の継承者であり、その産婆役として道真がかつぎ出されている。『将門記』作者が道真をここでもち出す理由は、そう解釈される。

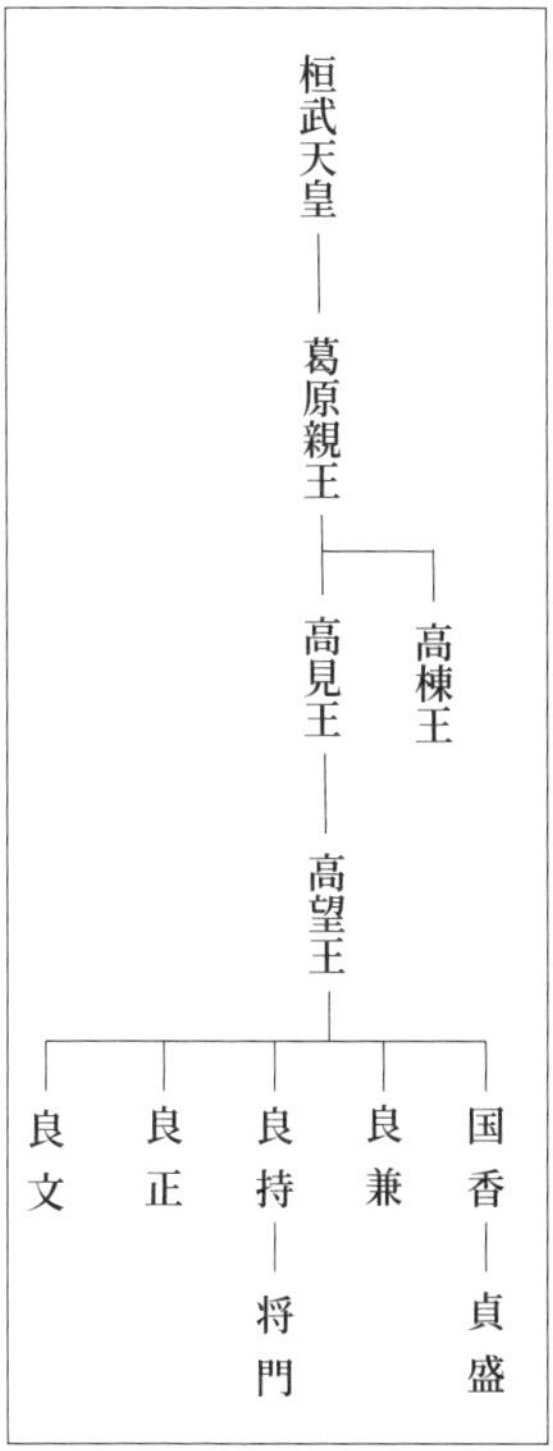

道真（天神）とともに八幡神も、「新皇」将門に味方しており、合戦を業《なりわい》とした将門にとって、武神たる八幡は「新皇」を認定する神として、まことにふさわしい。

その八幡神は神仏習合の過程で八幡大菩薩となった。「本皇」すなわち中央の天皇家にとって、その祖神は天照大神《あまてらすおおみかみ》だ。天照が都（中央）の天皇を認知するものとすれば、八幡神は坂東の「新皇」に味方している。こんな構図が想定できそうだ。その八幡神に「天神」たる道真が位記の授与という形で助力した。

いま助力と表現したが、八幡神と道真（天神）の関係は、あくまで八幡が主で、道真の霊は従の立場にある。道真は位記の授与に関与しているにすぎない。ただし、九州の宇佐を始発とする地方神から発した八幡神と、怨霊という裏面の世界に位置する道真の「天神」が、将門という反逆者を守護すべく邂逅《かいこう》する事情は、興味ある問題であろう。要は〝負〟の世界が結集していると読み解くことも可能だ。

神仏習合についてもう少し続けたい。

そもそも仏の世界は如来部《にょらい》、菩薩部《ぼさつ》、明王部《みょうおう》、天部《てん》と四つに大別される。『将門記』に登場する八幡大菩薩は、如来（薬師・釈迦・阿弥陀の三如来及びこれを統轄する大日如来）の次位にランクされる存在だった。神仏習合の考え方では天照大神の本地は大日如来とされており、八

菅原道真の一生と死後のさまざまな逸話・伝説を描いた「北野天神縁起絵巻」(メトロポリタン美術館蔵)

幡神の菩薩よりも上位に位置づけられる。

その限りでは前述の本皇(天照大神=大日如来)と新皇(八幡神=菩薩)の関係は、それなりの秩序を前提としていた。明王部は不動明王の名に象徴される仏たちだ。そして道真の「天神」は、最後の天部に属する。著名な大黒天も弁才天も、いずれもこの世界のものだ。よく知られている梵天と帝釈天などインドに起源を有した神仏がそれだ。道真の「天神」は、観自在天神のことで、八幡菩薩とは別個の世界に属していた。その限りでは、道真の「天神」が八幡菩薩の補佐役として登場することも理解されよう。

以上、われわれは『将門記』を素材に道真の怨霊の波及効果について検討した。これまで、三平時代の忠平《ただひら》、その忠平と道真との関係、次

炎を吐く菅原道真「北野天神縁起絵巻」

に将門と忠平の関係、最後に将門と道真の関係という三者のかかわりを論じたことになる。これらを通じて、どんな解釈が可能なのかを眺めておこう。以下では議論を明白にするために象徴的な物言いで表現しておく。

まず忠平である。三平の代表者、かつ延喜《えんぎ》・天暦《てんりゃく》期の立役者という点では、「王威」の代行者とみることが可能だろう。次に道真だ。彼は怨霊と化すことで冥界・霊界の主役となった。その意味では「霊威」の象徴と解されよう。と、すれば将門はどうか。『将門記』が指摘する「兵威」（武威）の体現者たることに異論はあるまい。そして、この三者（王威・霊威・兵威）が微妙なバランスを保ちつつ、この時期の国家を形成する。そんなイメージで把握することも可能なはずだ。

　忠平に体現される「王威」とは政事を軸とした場面で、道真の「霊威」は怨霊的観念に規定された御霊信仰や宗教を軸とした場面で、さらに将門的「武威」は武力・軍事を中心とした場面ということになる。この三者はそれぞれが、他者を味方としたり敵とすることで成り立っている。

　兄の時平と異なり、忠平は怨霊たる道真を自己の味方に引き込むことで、「王威」の執行代理者たり得た。しかし、その「王威」も異質の原理（兵威）を有した将門の前には、沈黙を余儀なくされる。だが、「兵威」の将門も「冥界消息」が語るように安泰ではなかった。ただし、「新皇」への就任は、中央神とは異なる別個の「霊威」をわがものとすることで、シンボリックな世界を体現できたことになる。

　中世的傾斜を深めた王朝国家にあっては、王権の威力を前提としつつも、「霊威」が、あるいは「兵威」が、小なりといえども、自己の世界を主張し始めたところに特色があった。

　いかがであろうか。十世紀初頭の道真左遷問題が、その後の貴族社会にどのような影響を与えたかを垣間見ることができたはずだ。

　つぎの課題は藤氏物語の次の世代、すなわち、忠平の子孫たちと怨霊との関係に移りたい。

二　「三平」以後

小野宮流の人々

再度『大鏡《おおかがみ》』にもどろう。三平《さんぺい》以後の藤原氏だ。まずは小野宮流《おののみやりゅう》から。略系図からもわかるように、実頼《さねより》・師輔《もろすけ》・師尹《もろただ》の三者が忠平《ただひら》の子息の中枢だ。このうち「小野宮大臣」と称した実頼は、摂政・関白の地位に二十年にわたる長期にあった。摂関常置が一般化するのは、これ以後のこととされる。稲荷神を信奉した実頼は、小野宮（『拾芥抄《しゅうがいしょう》』には大炊御門《おおいみかど》南、烏丸《からすま》西に位置したとある）の屋敷内でも佇《たたず》まいを意識して、「髻放ちて出でたまうことなかりき」といわれ、かつ信心深い人物だった。その孫は能書家として著名な佐理《すけまさ》である。「日本第一の御手」とよばれた人物は、大宰府での任を終え京上のおり、伊予三島《いよみしま》社の海神が荒れ航海不能となったが、能筆家の佐理が社額を奉納したことで、順風を得たとの話も伝えられる。

一族には右大臣実資《さねすけ》もいる。歴史の教科書では必ず登場する道長の「望月《もちづき》の歌」の出典史料『小右記《しょうゆうき》』の作者としても有名だ。実資が晩年にもうけた姫君＝かぐや姫（「かぐ」とは、「かがよふ」「かぐつち」など火や光の連想語）をことのほか愛育した話。また実資は「いみじき隠れ徳人」（隠れた富裕者）としても知られ、湯屋から煙が立たぬ日はないとされたという。その富有ぶりから殿舎整備の工人《こうじん》たちによる手斧《ちょうな》の音が絶えることもなかったらしい。

その実頼の流れは太政大臣頼忠《よりただ》そして公任《きんとう》へと継承される。一条天皇にとっては外戚関係でない「よそ人」の立場であったこともあり、万事に遠慮気味だったと見えている。頼忠の二人の女子のうち、遵子《じゅんし》は円融《えんゆう》天皇の女御、諟子《しし》は花山《かざん》天皇の女御であった。彼女たちの同母兄が公任だ。有名な『和漢朗詠集《わかんろうえいしゅう》』の撰者でもある。歌の名人でかつ賢者の誉れ高い公任も、失言癖があった。妹の遵子が初めて円融天皇に入内のおり、東三条殿にいた兼家と娘の詮子《せんし》（東三条院）に「女御の詮子はいつになったら后になるのだろうか」と声をあげ、東三条邸を通過したという。公任の高慢とも受け取られることばだ。しかしそれもつかの間、繁栄はやがて東三条の師輔—兼家の家筋へと移ることになる。

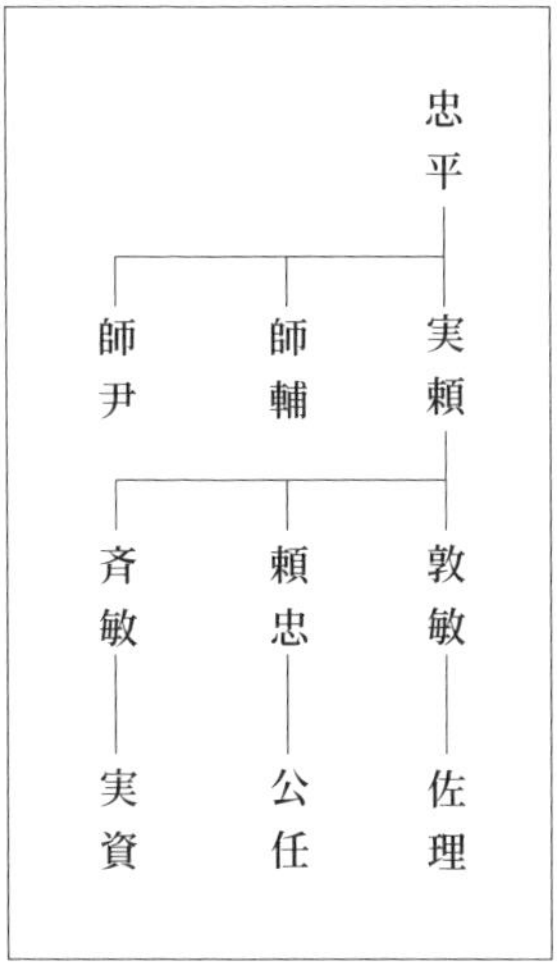

公任は実資とともに小野宮家の中枢に位置したが、大納言を極官《ごっかん》に生涯をおえた。彼は斉信《ただのぶ》・行《ゆき》成《なり》・俊賢《としかた》とともに「四納言《しなごん》」と称された。かれら

が蹴鞠《けまり》に興じたさい、落ちた鞠を「大臣大将の子ならざらむ人取るべし」と言い、行成にツラ当てしたとの話も伝えられている(『十訓抄《じっきんしょう》』)。いささかその高慢さが目立つ人物だったようだ。公任のそうした慢心ともとれる発言は、彼の歌学・管弦・有職故実にわたる才によるところも大きく、王朝期の最大の文化人とでも形容できる存在だろう。

後世喧伝される「三十六歌仙」も、その公任の選におう。当然ながら歌壇にも重きをなし、これにまつわる話も多い。藤原長能《ながとう》が自詠の歌を公任にたしなめられたことを苦に、病死したという話(『沙石集《しゃせきしゅう》』、『古今著聞集《ここんちょもんじゅう》』など)、あるいは逆に藤原範永《のりなが》が自詠の作品を公任にほめられ、これを名誉とし詠草を錦袋に入れ家宝としたとの話(『宝物集《ほうぶつしゅう》』、『十訓抄』など)等々だ。

怨霊となった藤原忠文

小野宮家《おののみやけ》といえば、これに取り憑いた怨霊がいた。藤原忠文《ただぶみ》だった。ただしこれは道真《みちざね》のような同時代のものではなく、院政期から鎌倉期にのびた怨霊譚とされる。要は将門《まさかど》の乱のおり、征東将軍に任じられた忠文が恩賞にもれ、その決定をなした小野宮実頼《さねより》を怨むという話だ。すでにふれたように将門には多くの説話が散見される。将門説話の形成と並行して、征討・鎮圧した側の伝承・伝説も生まれた。平貞盛《さだもり》、藤原秀郷《ひでさと》などの主役級とは別に、この藤原忠文の話も知られる。忠文による追討以前に将門は敗北、そのため恩賞不要論が浮上する。それを主張したのが実頼だったという。そこで大将軍たる忠文は実頼を恨み、小野宮家を呪詛したというものだ。『吾妻鏡《あづまかがみ》』をはじめ、『古事談《こじだん》』『十訓抄《じっきんしょう》』にもしるされており、中世にはかなり流布したようだ。

史実からいえば忠文自身、将門の乱後に征西将軍にも任じられ、恩賞云々でも天慶《てんぎょう》四年（九四一）十二月には民部卿《みんぶきょう》に任じられており、忠文怨霊譚は伝説以上のものではない。忠文は宇合《うまかい》の子百川《ももかわ》の子孫にあたり、『尊卑分脈《そんぴぶんみゃく》』によれば、その死去は天暦《てんりゃく》元年というから、将門の乱後七年後のこととなっている。むしろ富人にして芸達者だとする『江談抄《ごうだんしょう》』（大江匡房《おおえのまさふさ》）の忠文像のほうが実際に近かったようだ。

忠文怨霊譚として、著名なのは『吾妻鏡』所引のものだろう。

（前略）秀郷・貞盛等賞ヲ行ハルルノトコロ、忠文同ジクソノ賞ヲ蒙ルベキノ由コレヲ申スニ就キテ、陣ノ定メアリ。一座ノ小野宮殿（実頼）申サレテ云ハク、賞ノ疑ハシキハ行ハズト云々。次ニ九条殿（師輔）申サレテ云ハク、下著以前ニ逆徒《ぎゃくと》滅亡セシムトイヘドモ、勅定《ちょくじょう》ノ功ニ随ヒテ何ゾ棄捐《きえん》セラレンヤ。刑ノ疑ハシキハ行ハズ、賞ノ疑ハシキハ聴セト云々。シカレドモ先ノ意見ニ就キテソノ沙汰ナシ。忠文恩言ヲ喜ビ、家領ノ券契状ヲ九条殿ニ進ジ置キヲハンヌ。卒逝《そつせい》ノ期ニ至ルマデ小野宮殿ヲ怨ミタテマツルト云々。

（原漢文、宝治元年九月十一日条）

全体の流れはほぼ理解できるはずだ。要は恩賞の件で忠文に温情的発言をした九条師輔《もろすけ》への心服と、逆に冷酷な返答をした小野宮実頼への怨みが語られている。同様の話は『古事談』にも収載されている。ここには、「小野宮殿をば怨を結び、子孫を失わせ永く霊と成る」との文言も付されており、忠文の小野宮家への復讐の意志がより明確に語られている。『十訓抄』のストーリーも同様だ。『源平盛衰記《げんぺいせいすいき》』あたりでは、忠文の怨霊譚はさらに生々しさを増すことになる。

恩賞の件で面目を失った忠文は「大悪心《だいあくしん》」を起こし、大音声で「小野宮殿の御計ひ、生々世々忘るべからず。その末葉《ばつよう》たらん人は永く九条殿の御子孫の奴婢《ぬひ》となり給ふべし」とさけんだとある。そこで忠文は拳を握りしめ、怒りのために爪《つめ》が手の甲《こう》を貫くほどの形様を示し、断食しつつ悪霊・怨霊となったという。

以上、『吾妻鏡』を骨格としつつも、忠文の怨霊云々は増幅され、軍記物の『源平盛衰記』

ではさらに肥大化したことが理解できる。当然ながら、こうした鎌倉期に形成された伝説は、小野宮家の衰退と九条家の隆盛を前提にしたもので、忠文の怨霊譚を挿しはさむことで、スパイスが効いたものに仕立て上げられることになる。

ついでながら『源平盛衰記』に示されている忠文の激怒のポーズ「拳を握りしめ左右の八つの爪手の甲に通り」は、実は『大鏡《おおかがみ》』(為光伝)にすでに表現されている。ただし、これは忠文ではなく師輔の孫、藤原誠信《さねのぶ》のこととして語られている。『大鏡』が「悪心起こしてうせたまひし有様は、いとあさましかりし」と語られている誠信は、弟の斉信《ただのぶ》に出世レースに敗れ、そこでの描写が例の忠文のそれと酷似する。「いとど悪心を起こして……にぎりたまひたりける指は、あまりつよくて、上にこそ通り出でてはべりけれ」と。『源平盛衰記』の忠文憤死場面は、この『大鏡』での誠信の描写が混入されたと考える方が自然であろう。

いずれにしても忠文の怨霊譚は後世に至り形成されたわけで、ある意味では〝怨霊にさせられた〟という方が正確なのかもしれない。とはいえ、忠文には怨霊化の素地もあった。恩賞の行方に関していえば、朝堂内にあって、師輔・実頼双方の考え方に代表される立場は当然あった。それほどまでに論考が自己の栄冠に直結したからでもあった。それが怨霊と結びついているあたりに、当時の貴族官人にとっての官職の重要性が示唆されていた。

彼ら王朝貴族のアイデンティティは、官職・位階での序列ということだろう。後述するように兼家《かねいえ》と兼通《かねみつ》の争い、あるいは道長《みちなが》と伊周《これちか》との対立、さらには誠信と斉信の争いは、いずれも官職がらみということになろう。官人社会での官職をめぐる上昇志向が他者の排斥へと向かい、排除された他者が怨霊化する。忠文の怨霊譚がまことしやかに中世に転生し肉付けされるのは、こうした貴族社会に内包された序列主義に宿された〝競争心の宿業〟とでもよぶべきものだ。

ところで、その点からいえば、王権との距離もいま一つの問題となろう。天皇あるいは東宮へと自己の娘を入内させることが、これまた官職と同様に上流貴族の願望でもあった。その点ではこの願望が見果てぬ夢と化した場合、官職（出世）と同じく当該者への怨みは怨霊となる。以下でその入内問題を軸に貴族世界の怨念を語っておこう。

入内の夢—師尹流、あるいは廃太子

外戚関係は小野宮《おののみや》家に陰に陽に作用した。忠文《ただぶみ》の怨霊逸話は九条《くじょう》家の隆盛《たかのぶ》に符合させた内容ともいえる。その九条家の前に、実頼《さねより》・師輔《もろすけ》の同母兄弟である師尹《もろただ》の家系にも急ぎ言及しておく。

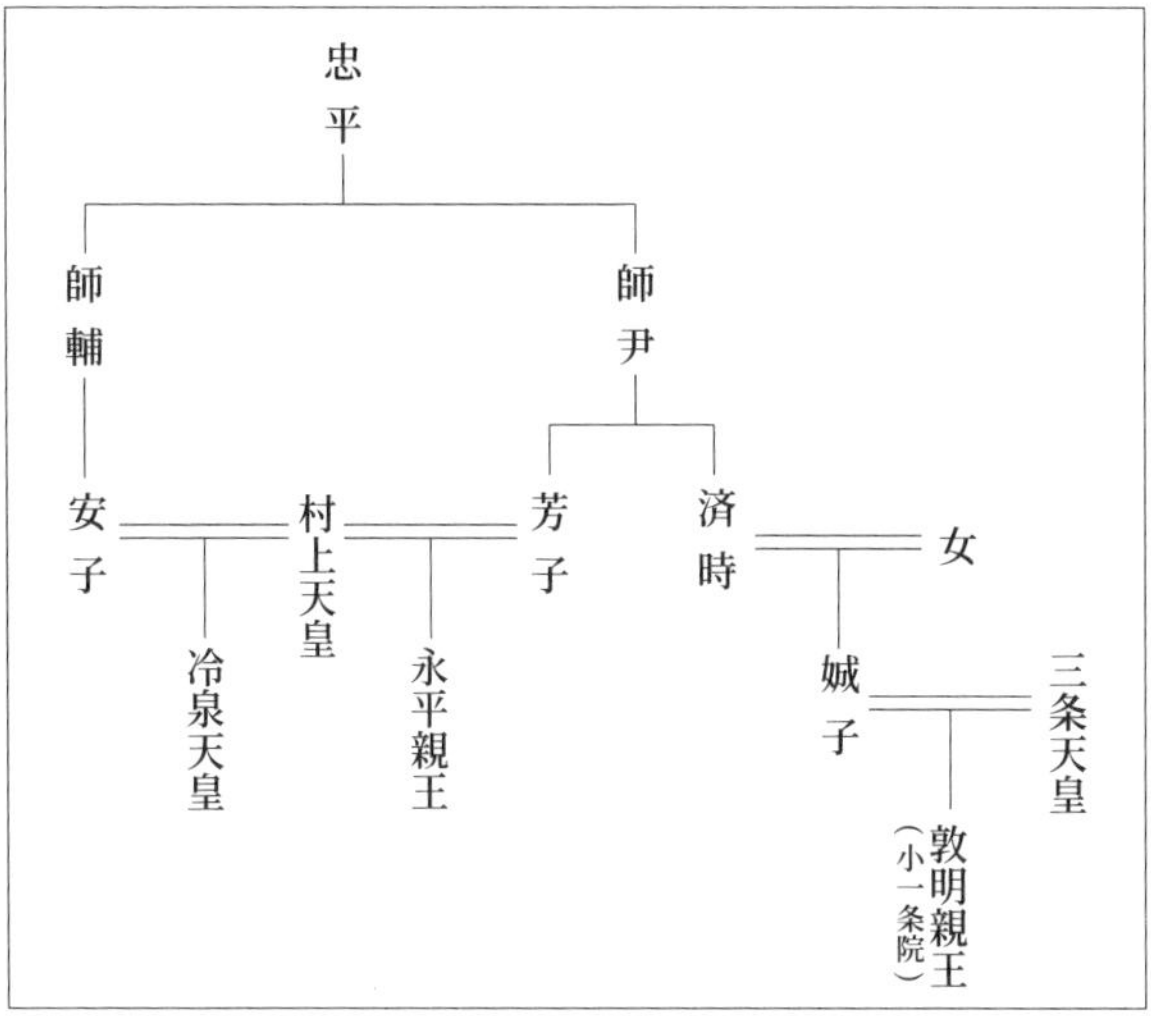

西宮殿筑紫へ下給御替也。その御事のみだれは、この小一条《こいちじょう》のおとゞのいひいで給へるとぞ、よの人きこえし。

源高明《みなもとのたかあきら》の騒動、すなわち安和《あんな》の政変（九六九年）は、この小一条の大臣（師尹）の讒言の結果だと、世間の人々は噂をした（『大鏡』師尹伝）。

師尹の娘には漆黒の髪の美女芳子《ほうし》がいた。村《むら》上《かみ》天皇に入内、宣耀殿《せんようでん》の女御《にょうご》といわれた。師輔の娘安子《あんし》との確執は有名だ。それはともかく、芳子と村上天皇の間に永平《ながひら》親王が誕生したが、「御心きはめたる白物《しれもの》」（御心はひどい愚か者）だったという。芳子の兄左大将済時《なりとき》は心持ちの尋

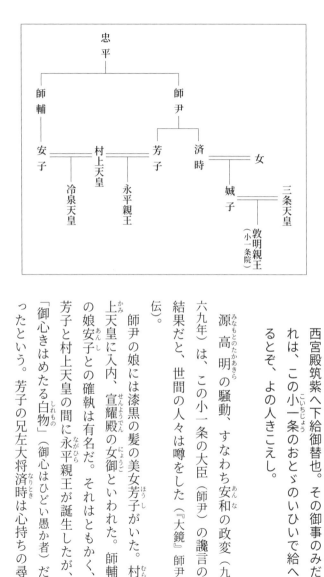

常ではなかった永平を笑い者にし、世間から悪評をこうむった話も見える。その済時の娘には三条《さんじょう》天皇の皇后となった娍子《せいし》がいた。

この娍子と三条との間に誕生したのが敦明《あつあきら》親王（小一条院）である。

東宮を自らの意志で退位し、娍子をはじめ周囲の人々を悲しませた話は有名である。目が不自由だった三条天皇は長和《ちょうわ》五年（一〇一六）に退位し、敦明親王の立太子が実現する。が、その二年後、母娍子の反対をおしきり敦明は退位を決意、道長《みちなが》に相談し院号を受ける条件で東宮をしりぞいた。相談を受けた道長は、この申し出に対し「ただ冷泉院の御物の怪などの思はせたてまつるなり」（冷泉院に取り憑いた怨霊がそう思わせるのです）と語り、敦明に再考を求めたとも話も伝えられる。

冷泉院の物怪（怨霊）こそが、有名な藤原元方《もとかた》のそれだった。民部卿《みんぶきょう》元方の娘元子《げんし》所生の広平《ひろひら》親王が、弟の憲平《のりひら》親王（冷泉天皇）のために帝位につけず、ために元方および元子は失意のうちに没したとされる。冷泉《れいぜい》天皇はそのため元方たちの物怪《もののけ》に悩まされた。心身の病弱さは、世間では元方の宿怨によるとされていた。道長の冷泉院の物怪云々の発言には、こんな背景があった。

この敦明の東宮退位事件を道長が仕組んだものと解する見方もあるが、いささか穿《うが》ちすぎだろう。道長のように有力な外戚を持たない敦明にとっては、天皇即位後の先行きはたしかに不透明だったろう。道長をはじめ羽振りのよい師輔末裔への遠慮も手伝って、退位の表明に至ったようだ。

ひろくいえば、これも廃太子事件の一つということだろう。史書に見える廃太子事件の古いものとして天武天皇の孫の道祖王《ふなどおう》、光仁《こうにん》天皇の皇子他戸《おさべ》親王、同じく光仁の皇子の早良《さわら》親王、平城《へいぜい》天皇皇子の高岳《たかおか》親王、そして淳和《じゅんな》天皇皇子の恒貞《つねさだ》親王の五人が知られる（『大鏡』裏書）。ただし、これらと小一条院（敦明）が異なるのは、自らの意志により退位を希望したこ

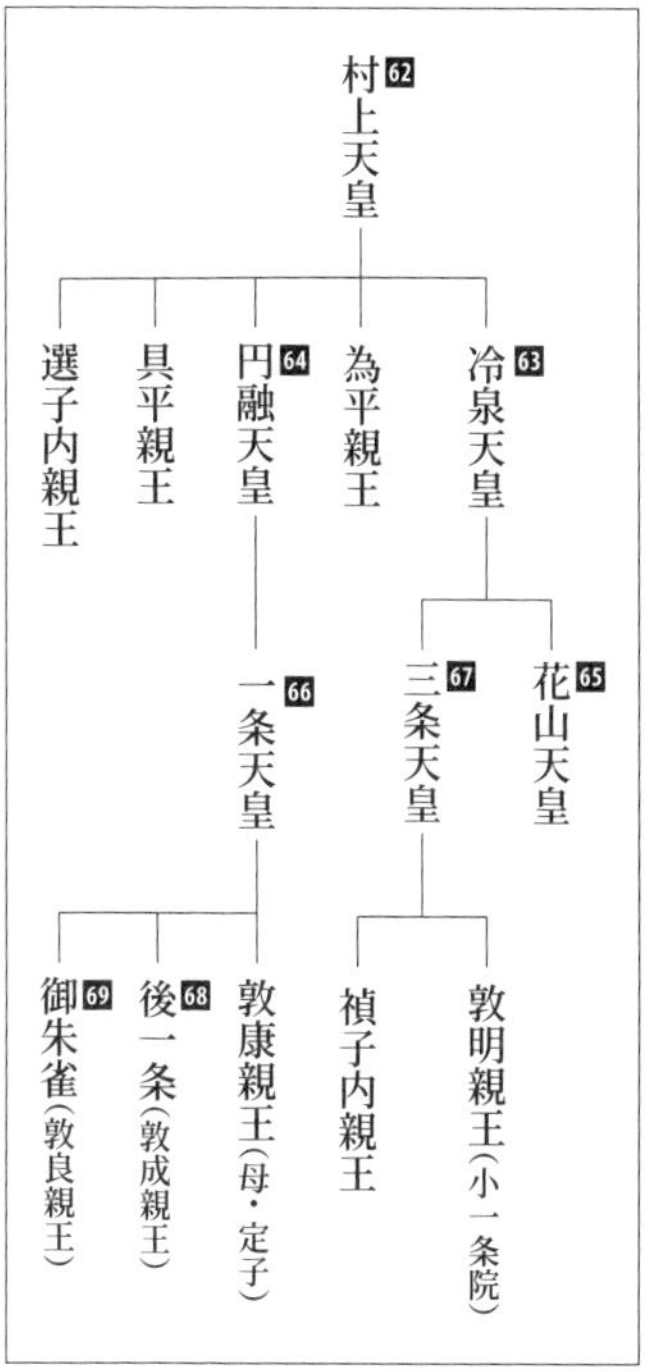

とだ。もっとも、この点は『大鏡《おおかがみ》』のこれまた作者の分身で「若侍」某《それがし》が語るごとく、道長をふくめた無言の圧力に屈したとの判断が正しいようだ。その限りでは、形式は敦明の自己責任で退位だが、内実は道長側からのプレッシャーは否定できまい。

いずれにしても、師尹流も三条院を軸に勢力の拡大をはかったが、結局は芳子の所生の永平親王、娍子が生んだ敦明親王は皇位に就くことがなかった。とりわけ後者の小一条院の誕生に至る場面でも怨霊が持ち出されるなど、王朝貴族にとって入内問題が大きな関心事であることにかわりはなかった。

やや話が先に進みすぎた。ここで冒頭に若干ふれた安和《あんな》の変について語りたい。藤原氏が企てた他氏排斥事件とされる。橘繁延《たちばなのしげのぶ》らが為平《ためひら》親王を擁し、皇太子守平《もりひら》親王（円融《えんゆう》天皇）の廃位をはかったとの密告により、左大臣源高明などの関係者が流罪に処せられた事件。事典風に説明すればこうなる。大筋ではそのとおりにちがいないが、以下では、もう少し幅広い角度でおさらいしておこう。

三　「安和の変」の裏事情

事件のあらましは、『日本紀略《にほんきりゃく》』に載せられている。原文を読み下しておく。

「天慶之大乱ノ如シ」

(安和《あんな》二年三月廿五日壬寅) 左大臣兼左近衛大将　源　高明《みなもとのたかあきら》ヲ以テ、大宰員外帥《だざいいんがいのそち》トナシ、右大臣藤原師尹《もろただ》ヲ以テ左大臣トナシ、大納言同在衡ヲ以テ右大臣トナス。左馬助源満《みつ》仲《なか》・前武蔵介藤原善時《よしとき》等、中　務　少輔《なかつかさのしょうゆう》　源　連《みなもとのつらぬ》・橘　繁延《たちばなのしげのぶ》等謀反ノ由ヲ密告ス。ヨッテ、右大臣以下諸卿タチマチ以テ参入シ、諸陣三寮警固《しょじんさんりょうけいご》々関《こげん》等ノ事を行ナワル。参議文《ふみ》範《のり》ヲシテ密告ノ文ヲ太政大臣　職　曹司《しきのぞうし》ニ遣ワシム。諸門出入ヲ禁ズ。検非違使、繁延《しげのぶ》・僧蓮茂等ヲ捕エ進ム。ヨッテ参議文範・保光両弁、左衛門府ニオイテコレヲ勘問《がんもん》ス。避クルトコロナク、ソノ罪ニ伏ス。又検非違使源満季《みつすえ》、前相模介藤原千晴《ちはる》・男久頼《ひさより》及ビ随兵《ずいひょう》等ヲ捕ヘ進メテ禁獄ス。又内記ヲ召シテ勅符木契等ノ事アリ。禁中ノ騒動、ホトンド天慶ノ大乱ノゴトシこの史料について若干の知識を付記しておく。

まずは源高明である。この事件の被害者で醍醐《だいご》天皇の皇子として知られる。二年前の康保《こうほう》四年（九六七）、実頼の関白太政大臣への転任により左大臣に就任した。娘は村上天皇の皇子為平親王の妃となっていた。この関係が安和政変のポイントとなる。高明は学問・文芸にもすぐれ、その著『西宮記《さいきゅうき》』は有職故実《ゆうそくこじつ》の書としても知られる。

左遷された大宰員外帥の職名だが、「帥」は大宰府の長官だが、常置のものではなく、権帥あるいは次官の大弐がこれを代行した。「員外」は名目だけの官で道真《みちざね》と同じように、左遷・配流された者を指した。そして藤原師尹については、『大鏡』はこの人物を黒幕とにおわせている。鎌倉時代の史論書の『愚管抄《ぐかんしょう》』にもこの師尹を仕掛人のひとりとしている。

源満仲《みつなか》の場合、脇役ながら、この政変で重要な役割を演じた人物だ。清和源氏の基礎をつくった武者で、摂津多田荘《せっつただのしょう》に住し多田満仲ともよばれた。その子頼信《よりのぶ》は平忠常《ただつね》の乱に活躍した。頼信はまた「三道《さんどう》」の一人藤原道兼《みちかね》の侍だった。兄の頼光《よりみつ》は後世に御伽草子《おとぎぞうし》の「酒呑童子《しゅてんどうじ》」説話の主人公とされ、道長《みちなが》に仕えた都の武者としても有名だ。

史料のなかほどに所見する「諸陣《しょじん》」は宮中の近衛の詰所、「三寮」は左・右の馬寮《めりょう》と兵庫寮《ひょうごりょう》でいずれも軍事関係の役所。「固関使《こげんし》」もよく知られるように、朝廷の大事にさいし、三関《さんげん》（鈴鹿《すずか》・不破《ふわ》・愛発《あらち》）を警固するために派遣される使者のことだ。また密告文が送付された「職曹司」とは、中宮職の下部機関で左近衛府の西に位置し、除目《じもく》が行なわれたりする。

また検非違使《けびいし》の源満季は満仲の弟にあたり、彼が捕えた藤原千晴《ちはる》は、天慶《てんぎょう》の乱の功臣秀郷《ひでさと》の子息として知られる。

事件後、『日本紀略』には、二十六日に高明は出家、二十七日には密告の賞として満仲は正《しょう》五位下《ごいげ》、藤原善時《よしとき》は従五位下《じゅごいげ》に任じられたとある。そして四月一日には、藤原千晴は隠岐に、僧蓮茂は佐渡に、翌三日には五畿七道に謀反与同者を追討官符が出された。

事件の真相はいかに

「いとおそろしく悲しき御こと」（『大鏡』師輔伝）と見えるこの事件の背景は何か。為平《ためひら》親王は源高明《たかあきら》の娘と結婚していた。為平は村上天皇・安子《あんし》の第二皇子であり、兄の冷泉《れいぜい》天皇について、東宮《とうぐう》に立つべき順番だった。となれば、高明の外戚の可能性が大きかった。「式部卿《しきぶきょう》の宮、帝にゐさせたまひなば、西宮殿の族に世の中うつりて、源氏の御栄えになりぬべければ」（『大鏡』）のとおりだ。式部卿（為平）の即位で、醍醐《だいご》系の源氏勢力の拡大阻止がどうや

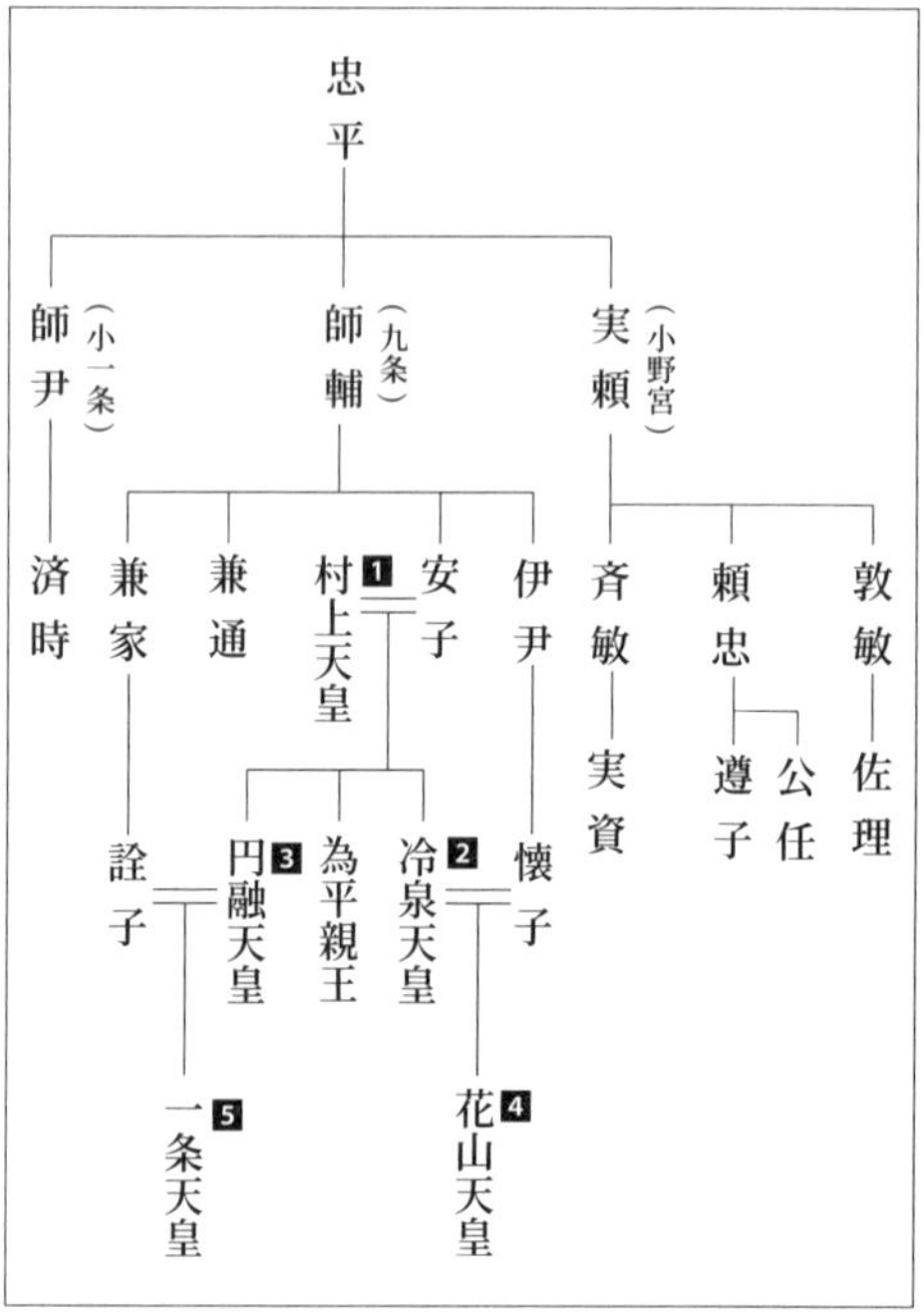

ら真相だったようだ。為平を擁する源氏勢力、対する守平（円融《えんゆう》天皇、為平の同母弟）の藤原氏勢力の対決、右の史料の説くところを敷衍すれば、このように整理できるそうだ。安和《あんな》の変《へん》は守平《もりひら》親王が冷泉天皇の東宮（康保四年九月、立太子）となった三年後のことだ。その限りでは高明・為平親王ラインの勢力の封印という面もつよい。

それでは、この事件のシナリオは誰によりなされたのか。『大鏡』や『愚管抄』には、師尹を中心とした藤原北家の人々（安《あん》子《し》の兄、伊尹《これただ》・兼通《かねみち》・兼家《かねいえ》たち）とする。〝利を得た人間〟これが犯人捜しの鉄則とすれば、当然かもしれない。

ちなみに首謀者とされるメンバーの位階についていえば略表のようになる。

『愚管抄《ぐかんしょう》』などで取沙汰される「九条殿ノ子トモ三人」のうち、兼家（道長の父）についていえば、事件の前年は三位《さんみ》中将《ちゅうじょう》兼蔵人頭《くろうどのとう》、事件後は中納言へと昇進している。そして娘の超子《ちょうし》を冷泉《れいぜい》天皇の女御に入れており動向は注目に値する。

その兄伊尹も娘懐子《かいし》を同じく冷泉院に入れ、安和元年には師貞《もろさだ》親王が誕生しており、その立太子が実現すれば、為平と対立することになる。この両人ともに冷泉院が譲位し、守平《もりひら》親王が即位した以後、次の東宮の外戚は射程の範囲でもあり、この伊尹と兼家兄弟が〝あやしい〟ようだ。

	政変以前	政変以後	年齢
師尹	右大臣、正二位右大将、皇太子傅	左大臣	五十歳
伊尹	権大納言	大納言兼右大将	四十六歳
兼通	――	参議	四十五歳
兼家	三位中将兼蔵人	中納言兼蔵人	四十一歳

表
首謀者とされるそれぞれの位階

それでは首謀者の代表格師尹《もろただ》はどうか。いうまでもなく、かれは実頼《さねより》（太政大臣）と高明（左大臣）につぐ地位（右大臣）にあり、高明の左遷で最も利を受ける人物だろう。なお太政大臣の実頼は、当時七十歳という高齢であり、かつ前年の安和《あんな》元年の六月ごろには、「日来《ひごろ》天皇時々御悩《ごのう》、太政大臣又カクノゴトシ」（『日本紀略』六月十四日）とあり、陰謀云々については埒の外と考えてよいだろう。

政変の裏面と王朝武者

こうした藤原氏の中枢部の動きとは別に、この政変劇で利益を得た者がいた。源満仲《みつなか》・満《みつ》季《すえ》兄弟と藤原善時《よしとき》である。特に満仲および善時は密告の張本人であり、その賞により「五位《ごい》」の位階を授けられた。満仲や善時の通報・密告から始まったこの事件は、伊尹《これただ》兄弟と気脈を通じた満仲たちの演出の可能性も高いとされる。配流された人々のなかで注目されるのは、藤原秀郷《ひでさと》の子千晴《ちはる》の存在だ。秀郷・千晴らの功臣たちの中央政界への進出、それと対抗する経基《つねもと》流の源氏勢力の布石である。満仲・満季も天慶《てんぎょう》の乱の功臣の末裔で、その点では乱の勝者たちの子孫による抗争という面も持っていた。『日本紀略』が指摘する「天慶ノ乱ノ如シ」とは、もちろん宮中騒動の様子を意味したものだろう。が、裏面では天慶の乱の関係者の末裔たちも暗躍したわけで「天慶の乱」云々は的外れとはいえない。

よく知られるように天慶の乱は、その軍事功労者たち（藤原秀郷・平貞盛《さだもり》・源経基）は貴族（五位以上の位階を与えられた者）に列せられた。これにより中央への基盤をより強くしたかれらは、「都ノ武者」とよばれ、藤原氏をはじめとする政界中枢部の貴族たちへの軍事奉仕者（侍）となる途が実現する。平将門が既述したように藤原忠平と私的な関係にあったと同じく、乱後には中央政界への食い込みが可能になった。

天慶の乱後の功臣とその子孫たちは、検非違使・諸国国司・鎮守府将軍といったポストへ就任して、広く「軍事貴族」ともいうべき立場になった。

乱後の世界は中央・地方を問わず軍事功労者子孫の〝縄張り争い〟が生まれる情況にあった。謀反に連座し配流となった、藤原千晴・源連《つらぬ》・平貞節・橘繁延《しげのぶ》たちの多くは、その父祖や縁者が将門や純友《すみとも》の乱に関係していた。秀郷流藤原氏の千晴と経基流の満仲との対立の背景には、そんな流れもあった。満仲を中心とした清和源氏による、秀郷流藤原氏の追い落とし戦略という面も無視できない。

こうした流れの上に、藤原師尹《もろただ》以下上層部の意向が合致して起きた事件ということもできる。千晴与党追捕にむけての諸国への追討官符の発給とあわせ、特に秀郷流の拠点たる下野

（秀郷は将門の乱後、その恩賞として下野・武蔵両国の国司に任じられた）に「教喩」が加えられたことは注目される。当然ながら、そこには坂東（下野）と都とを結ぶ武的ルートが想定されたことによる。

興味深いのは密告した満仲や善時の肩書だろう。満仲は左馬助、善時は前武蔵介だった。そして配流された千晴の場合は前相模介だった。この時期の武蔵国司は善時の数年前には満仲が「前権守」（『扶桑略記《ふそうりゃくき》』応和元年五月十日）として見える。さらに前年には兼家の兄伊尹が参議の兼官ながら武蔵守となっている（『公卿補任《くぎょうぶにん》』）。その意味では、伊尹―満仲―善時という〝武蔵国グループ〟というべき人脈が形成された可能性も強い。要は都と坂東の両方に拠点づくりをしつつあった秀郷流への、牽制がはたらいたということだろう。

この点に関連して付言すれば、清和源氏の満仲の場合、下野国司の肩書が見えることも留意したい（『尊卑分脈《そんぴぶんみゃく》』）。補任の時期が秀郷流の確執とどのように関係するか不明だが、注目すべきだろう。『源平盛衰記《げんぺいせいすいき》』（剣巻）にも「上野介《こうずけのすけ》」として満仲が登場しており、源氏の東国進出と対応する形で、両毛地域（上野・下野）との関係が浮上するにいたった。安和《あんな》の変における満仲・満季と千晴という王朝武者諸流の〝縄張り〟争いも興味深い。

ちなみに『源平盛衰記』では、秀郷流の千晴や橘繁延らが為平《ためひら》親王をかつぎ東国で挙兵すると密議がなされたとある。当初満仲もその陰謀に参加していたが、敏延との相撲に敗北し面目を失った満仲は、その報復のために密告したとする。満仲の武将という側面が色づけされるのは、近世も江戸時代のことだ。『前太平記』には、満仲の盗賊退治談をふくめ、源家の始祖にふさわしい記事が散りばめられており、満仲像の変遷もおもしろい。

源高明の左遷

高明《たかあきら》配流の一件は、多くの人々に衝撃を与えた。

二十五・六日のほどに、西の宮の左おとど流されたまふ。みたてまつらんとて、あめのしたゆすりて、西の宮へ、人はしりまどふ。

『蜻蛉日記《かげろう》』は政変のようすをこう語っている。藤原兼家《かねいえ》の妻・右大将道綱《みちつな》の母の手になるのがこの作品だ。天下騒動し、人々の右往左往する模様が指摘されている。日記はこれに続き、行方不明の高明を使庁の役人が捜し求め配流におよんだこと。その悲しい出来事に、一族の悲痛を思いやり袖をぬらしたこと。子息のなかには配流された者や出家した者がいたことも記されている。

ここに語られている内容はほぼ正確だ。高明の子息左兵衛《さひょうえ》忠賢《ただかた》や但馬権介致賢《むねかた》も、それぞれ出家したという（『扶桑略記《ふそうりゃくき》』など）。高明の配流に同情した彼女は、高明の妻愛宮にもいたわりの長歌を贈っている。愛宮は藤原兼家の異母妹にあたる。

文学作品といえば『栄花物語』にも「いとけしからぬことぞいひ出たるや」として、「みかどかたぶけたてまつらむつみ」での、高明左遷のことが見えている。

高明は二年半後の天禄《てんろく》二年（九七一）十月許され、翌年帰京した。朝堂内で一定の勢力を有した醍醐源氏《だいごげんじ》や宇多源氏《うたげんじ》は、この安和政変《あんなせいへん》以後、権力の中枢から外される。

強運の人、九条師輔の〝ツキ〟

ここで再び、師輔《もろすけ》流へと話をもどすこととしよう。

安和《あんな》の変以後、この一流が急速に台頭する。ひとえにそれは外戚（娘の安子《あんし》が村上天皇に入内、冷泉《れいぜい》・円融《えんゆう》両天皇を生んだ）の獲得という偶然が作用するのだが、やはりツイていたのだろう。

ツイていたのは何も〝運〟だけではなかった。やはり怨霊も憑いていた。ただ、師輔の強

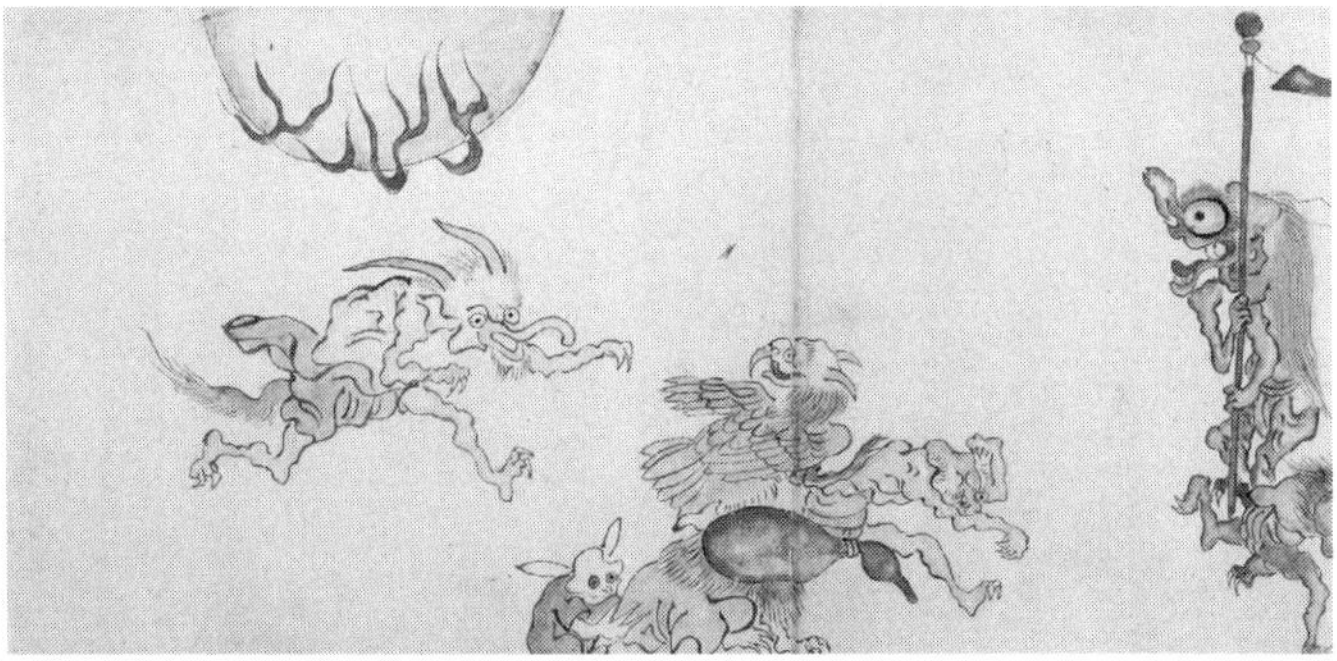

「百鬼夜行絵巻」国際日本文化研究センター蔵

運はこれを打ちくだくだけの強さがあった。師輔は当時の人々が恐れおののく「百鬼夜行《ひゃっきやぎょう》」を、「尊勝陀羅尼《そんしょうだらに》」の経文を誦《じゅ》することで、みごとにやりすごしたとある（『大鏡』師輔伝）。師輔の仏神への信仰は『九条殿遺誡《くじょうどののゆいかい》』からもうかがわれる。朝儀に通暁した師輔が、子孫のために残した訓戒だ。「百鬼夜行」にまつわる逸話は沈着冷静な師輔の態度をふまえての話だったのだろう。

それはともかく、師輔のツキの第一は男子十一人、女子五人という子宝にめぐまれたことだ。安和の変勃発のおりには師輔は他界していたが、生前彼は高明《たかあきら》の識見や将来性を評価していた。何しろ師輔は娘二人までも高明に嫁がせていた。すでにふれた道綱《みちつな》の母が消息を送った愛宮も、その一人だった。師輔の娘たちは、醍醐《だいご》天皇の子どもたち（村上・重明・高明）と結婚していた。皇統が醍醐系に継承されることも考慮してのことだった。

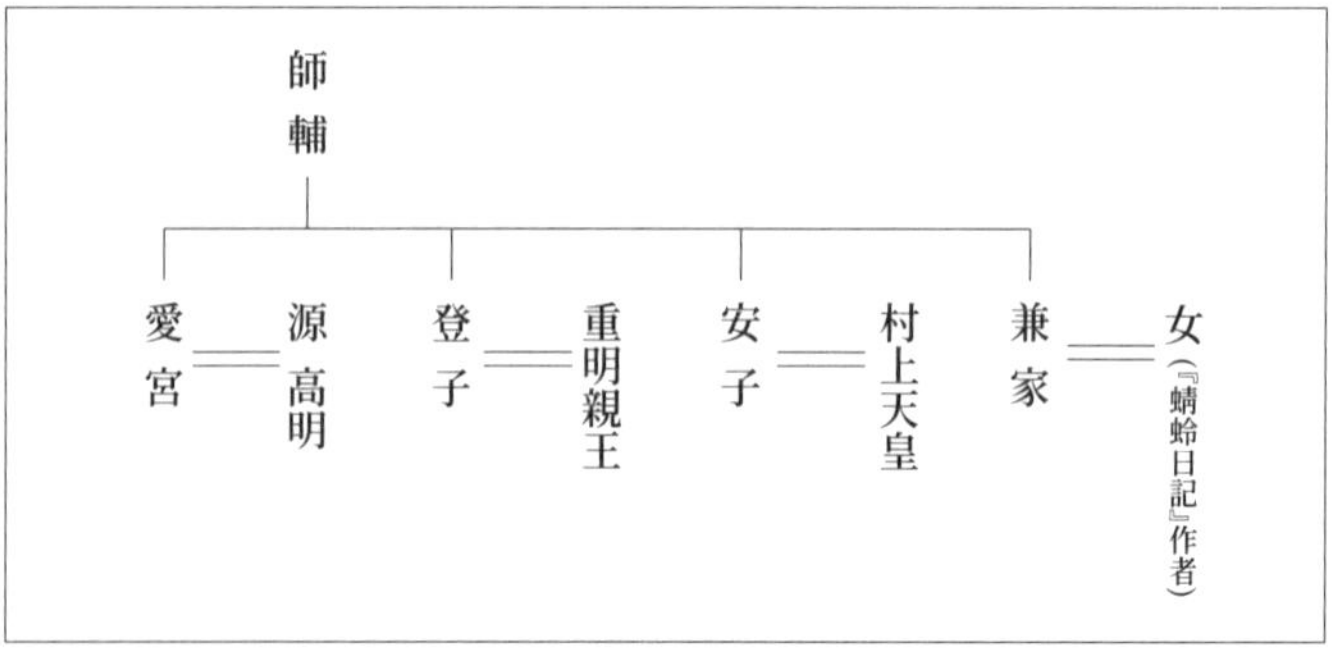

師輔のツキを語る挿話はさらにある。藤原元方《もとかた》（民部卿《みんぶきょう》、南家の末裔）との双六《すごろく》をめぐる話だ。村上天皇も同席した「庚《こう》申待《しんまち》」のおり、師輔は双六に興じ采を振りつつ、娘安子に誕生する子が男ならば「調六《ちょうろく》」（六の目が重なる）が出るようにと念じたところ、その通りとなったという。これには居合わせた公卿たちを驚かせた。他方で元方だけは一人驚きとともに、恐怖で顔を青くした。彼の娘元子《げんし》は村上の第一皇子広平《ひろひら》親王を生んでいたからだ。元方の外祖父は射程の内といってもよかった。師輔の娘安子が男子を産むことがあれば、元方の夢はくずれることになる。そして現実に安子は冷泉院《れいぜいいん》を産む。出来すぎ感がある逸話としても、元方が「調六」騒動に切歯扼腕《せっしやくわん》した理由も当然だった。

民部卿元方の悪霊

元方《もとかた》は冷泉院《れいぜいいん》誕生の三年後の天暦《てんりゃく》七年（九五三）に死去す

る。さらに娘の元子《げんし》（祐姫《すけひめ》）、広平《ひろひら》親王も失意のうちに没した（『栄花物語《えいがものがたり》』）。そんな薄運のためだろうか、元方父子の怨霊は師輔の子孫に祟ったとされた。冷泉天皇の狂気も、出産後の安子《あんし》の逝去も、さらに村上天皇の病気も、はては師輔の孫超子《ちょうし》（兼家《かねいえ》の娘で冷泉院の女御）の頓死のすべてが、元方一族の死霊とされた。すでにふれた小野宮流《おののみやりゅう》の祖実頼《さねより》に取り憑いたのが、藤原忠文《ただぶみ》の悪霊だとすれば、師輔流についてはこの元方の怨霊だった。

御物の怪どもいと数多あるにも、かの元方大納言の霊いといみじおどろ〳〵しく

（『栄花物語』）

冷泉院の御物ぐるはしうまし〳〵、花山の法皇の十禅万乗の帝位をすべらせ給しは、元方民部卿が霊とかや

（『平家物語』）

元方ノ大納言ハ天暦ノ第一皇子広平親王ノ外祖ニテ、冷泉院ヲトリツメ、マイラセタリ

（『愚管抄』）

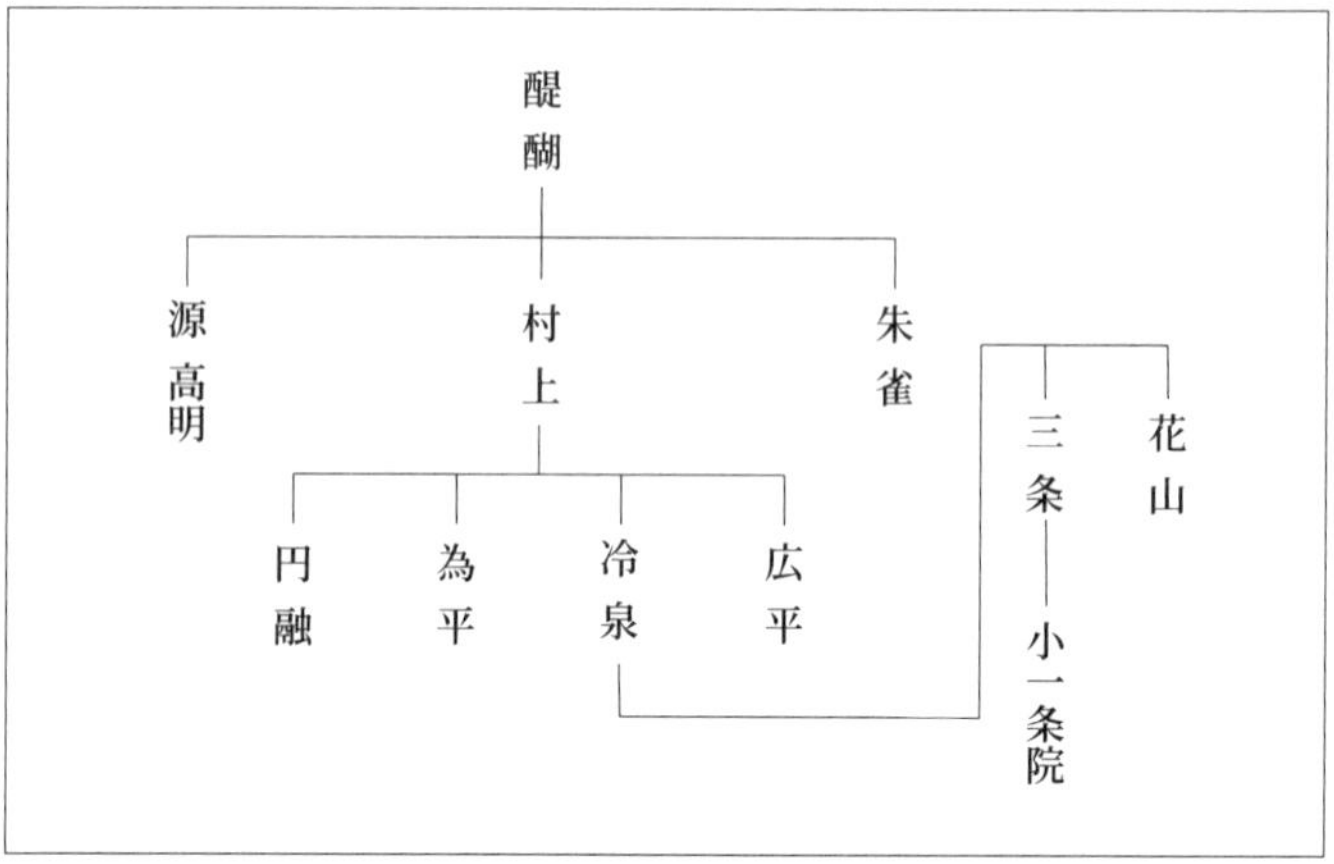

元方の怨霊譚のいくつかを列記すると右のようになる。他のいくつかの諸史料からも、冷泉院・花山院《かざんいん》、さらに三条《さんじょう》・小一条院《こいちじょういん》（敦明親王）へと、元方一族の悪霊が取り憑いたとされる。いうなれば彼らは冷泉院の直系で、小一条院に関しても、『大鏡』が指摘するように東宮辞退には、「民部卿《みんぶきょう》の霊」が取沙汰された。

ところで、冷泉院については、「そのみかどのいでおはしましたればこそ、この藤氏のとのばら、いまにさかへおはしませ」（『大鏡』）との指摘があるように、安子《あんし》所生の冷泉院の即位は師輔《もろすけ》流が他流を大きくリードする要因となった。ただし、一方で醍醐《だいご》・村上の聖代観・賢帝観が後世定着すればするほど、次の冷泉院そして花山院の愚帝観が広まった。いわばポジとネガの関係だ。藤原氏の権力浮上に対応するにしたがい、冷泉・花山の狂気観が定着、最終的にそれが「物怪」「怨霊」のなせるわざとの考えが強まる。

たしかにこの冷泉・花山院父子は今日残されている諸史料から、〝個性的〟との形容を逸脱する行為が目立った。皇太子時代の冷泉院が自分の足が傷つくのもかまわず一心に蹴鞠をやり続ける姿（「具注暦裏書《ぐちゅうれきうらがき》」『大日本史料』寛弘八年十月二十四日所引）、あるいは在位のおりの宝剣抜刀の行為（『江談抄《ごうだんしょう》』『続古事談《ぞくこじだん》』）などがそれだ。「狂乱ノ君」、これが冷泉院に与えられた代名詞だった。

当然ながら子花山院も狂乱ぶりを継承する。「内おとりの外めでた」（私生活は乱れていたが、外すなわち政務はよく治まったことのたとえ）と称されたこの帝は、一方で卓越した芸能の才をもち合わせていた。花山天皇の出家と退をめぐる一件も元方の怨霊によるとされたが、さらに後継の三条院の目の不自由さも、その霊によるとされる。

以上ながめたように、師輔流には二つの「霊」があった。師輔の九条家流を外護する藤原忠文の霊だ（『十訓抄《じっきんしょう》』）。そして、いま一つはこれと対極にある元方の怨霊である。元方の霊の場合、広平親王の皇位継承にかかわる問題だけに、祟る対象は冷泉・円融《えんゆう》・花山と、歴代の天皇たちを種々の形で悩ませることになった。この元方の悪霊譚は、この時期を扱った説

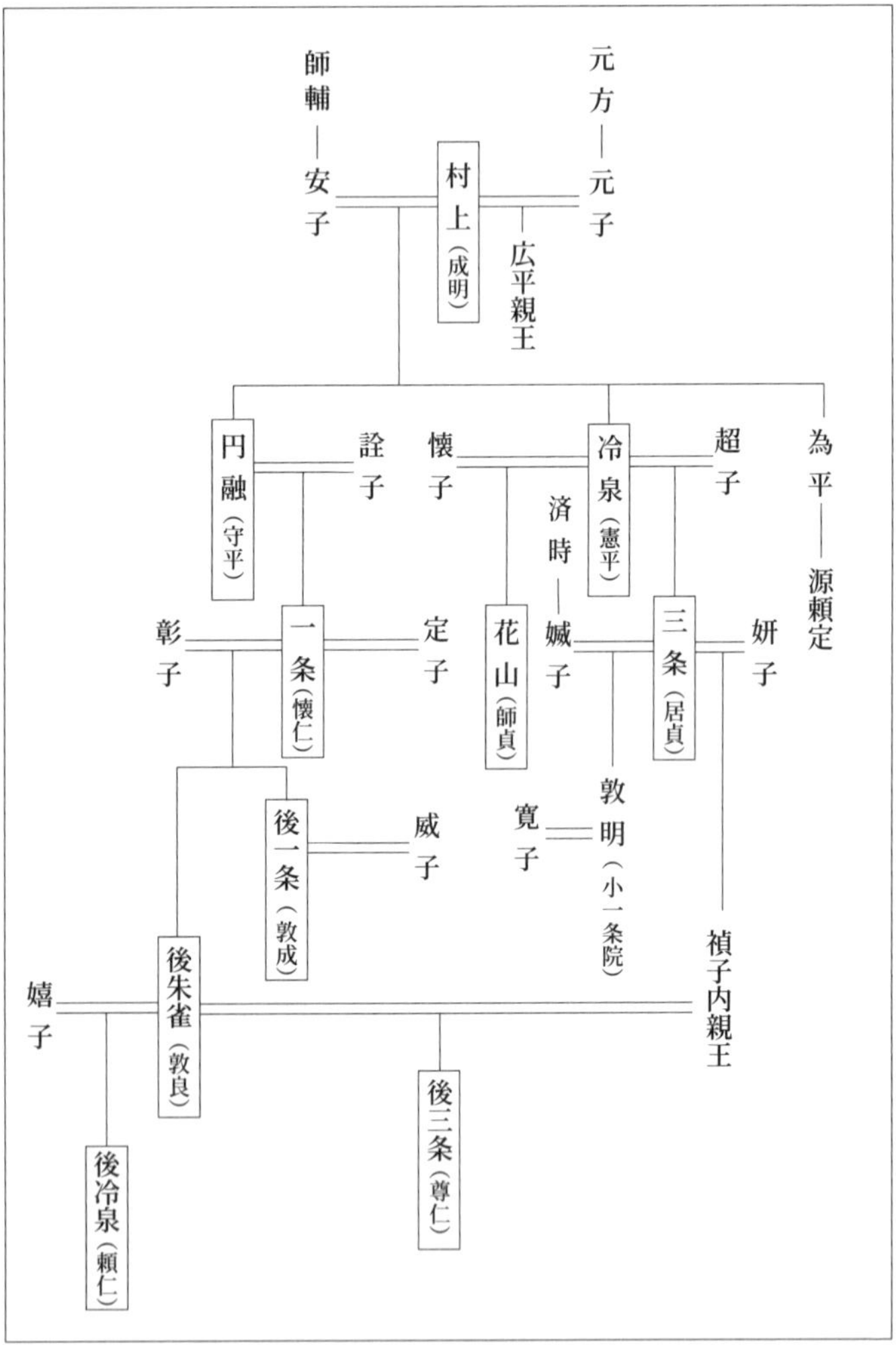
師輔
安子
村上（成明）
元方
元子
広平親王
円融（守平）
詮子
懐子
冷泉（憲平）
超子
為平
源頼定
済時
彰子
一条（懐仁）
定子
花山（師貞）
娍子
三条（居貞）
妍子
後一条（敦成）
威子
寛子
敦明（小一条院）
嬉子
後朱雀（敦良）
禎子内親王
後冷泉（親仁）
後三条（尊仁）

話には必ず登場するほど著名なものだろう。

藤原朝成の生霊《いきりょう》―「鬼トナリテ、七代マデ之レヲ取ルベシ」

それでは、師輔《もろすけ》の息子たちについてはどうか。伊尹《これただ》・兼通《かねみち》・兼家《かねいえ》の三者のうち、まずは一条摂政とよばれた伊尹流についてである。伊尹の家系も短命だった。藤原朝成《あさひら》の霊が伊尹の一族に取り憑くことになったためとされる。きっかけはライバル伊尹との蔵人頭《くろうどのとう》をめぐる出世競争だという。殿上人の時代、蔵人頭の就任で先を越された朝成は、その怨みから伊尹の従者にいやがらせをした。非礼をわびるべく訪れた、朝成を伊尹は炎天下の中門に立たせたとある。

これが朝成の憤激をさそう。自分を焙り殺すつもりだと思い込んだ朝成は帰宅後、「この族ながく絶たむ」と恨みを抱き憤死したという。『古事談《こじだん》』や『十訓抄《じっきんしょう》』では、朝成が大納言を望みながら摂政の伊尹に拒絶されたことで、悪心を起こし生霊となったとする。「鬼ト成リテ七代マデ之レヲ取ルベシ」(『帝王編年記《ていおうへんねんき》』)とも見え、朝成の怨みの執念が語られている。

物怪は鬼と同一視された。たしかに前述の『古事談』にも三条西洞院《さんじょうにしのとういん》にあった朝成の旧宅は「鬼殿《おにどの》」とよばれ、伊尹の子孫はこの方角に足を踏み入れなかったと伝える。鬼も悪霊も一体と解されていた。ただし伊尹の子孫でも強運な人物もいた。書の名人とされた行成《ゆきなり》だ。伊尹の孫の行成は蔵人頭へと順調に進み、朝成の霊とは無縁とされた（『大鏡』伊尹伝）。

伊尹の弟の兼通の場合はどうか。堀河関白とよばれた兼通の場合、怨霊云々よりは、弟兼家との壮絶なる官途争が有名だろう。

兼通は弟の兼家に比べ出世が遅れていた。両人の年齢差は五歳。円融《えんゆう》天皇の天禄《てんりゃく》三年（九七二）十一月、兄の一条摂政伊尹《これただ》が亡くなった。この天皇の母は安子《あんし》、つまり兼通の妹ということになる。兼通はこの日の来ることを予測してか、彼女に「関白は次第のままに」との文をしたためさせていた。兼通は天皇に亡き母の筆跡を示し、兄弟の順序にしたがって関白へと就任したという。

ここに興味深いのは人間社会を成立させる二つの原理が看取できることだ。競争（実力）の原理と共同（非実力）の原理である。前者は兼家が志向した、というより王朝貴族社会での一般ルールだろう。これを「次第のままに」という血縁的秩序という共同・共生の原理を運用させることで、天皇とはこれを含めた宮廷社会を〝合意〟させたのが兼通的な理屈だ。

兼通のそうした強腕が批難されるのは、実力主義（官位次第）を「兄弟次第」という血縁的共同の原理に転換しながら、これを自分一代に限定したことだった。兼通は自身が病で倒れるや、弟の兼家に関白を譲るのを嫌い、小野宮家の頼忠《よりただ》に譲るという挙に出たのだった。『大鏡』（兼通伝）が指摘する「最後の除目《じもく》」の話がそれだ。

堀河《ほりかわ》殿、果ては我失せ給はむとては、関白をば、御いとこの頼忠の大臣にぞ譲りたまひしこそ、世の人いみじき僻事《ひがこと》と謗《そし》りまうししか

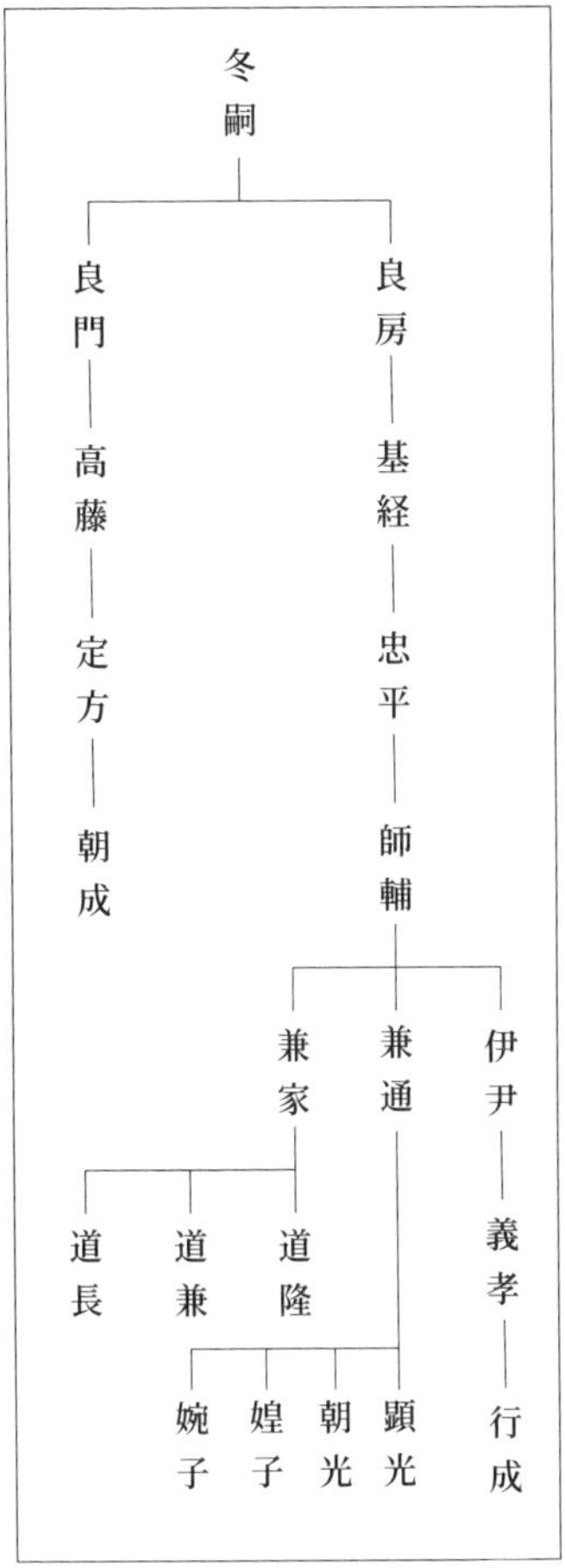

兼通は女子にめぐまれず、媓子《こうし》（円融院《えんゆういん》の女御）・婉子《えんし》（円融院の尚侍）の二人のみだった。ともに異母姉妹だが、一人の天皇に二女も入内させる強引さは、死の間際にまで除目を強行する性格と通底するようだ。結果として外戚の地位は得られず、一族の繁栄は兼家の子孫に比べ低調だった。

兼通から兼家へ

兼通《かねみち》の子息にも怨霊にまつわる話がある。「悪霊《あくりょう》の左府《さふ》」顕光《あきみつ》の例が想起される。兼通の子顕光は自分の娘を小一条院《こいちじょういん》の女御とすべく、道長《みちなが》と争った（『宝物集《ほうぶつしゅう》』）。『十訓抄《じっきんしょう》』にも悪霊となって一夜のうちに白髪になったことが見えている。

怨霊が取沙汰される場合、入内競争や官職競望での敗者が少なくない。二つともども宮廷世界の産物だった。この閉された世界がかれらにとっては、全てであったのだ。

それでは東三条《ひがしさんじょう》殿とよばれた兼家《かねいえ》はどうか。兄兼通と異なり艶福家として知られる彼は男女ともに多くの子宝にめぐまれた。加えて三人の娘超子《ちょうし》（冷泉妃）・詮子《せんし》（円融妃）・綏子《すいし》（三条妃）は三天皇に入内、外戚となりえる条件が重なっていた。事実、超子は三条天皇を、詮子は一条《いちじょう》天皇を生むことになり、この二人の天皇に道長の二人の娘彰子《しょうし》・妍子《けんし》がそれぞれ入内するという関係だ。このめぐまれた血縁的ネットワークが、兼家流の繁栄を約束したことになる。

兼家にまつわる逸話も多い。有名なところでは「打伏《うちふし》しの巫女《みこ》」の話がある（『大鏡』兼家伝）。夢占《ゆめうらない》と関連させて語られるこの話は、当時の人々の〝夢の回路〟を考えるうえでも参考となろう。兼家が兄兼通のために不遇をかこっていた時期、夢をみたという。その内容は兄の堀河邸から多くの矢が自分の東三条の屋敷の庭に落ちるというものだった。不吉に感じた兼家は、夢占いで名高い「打伏しの巫女」に夢解きをさせたところ、不吉な夢ではなく、いずれは物・心ともども東三条邸（兼家）に移行するとの託宣を得る。

たしかに〝マサ夢〟となった。夢は王朝人にとって、今後の行く末を暗示する神の啓示と解された。「夢合わせ」とよばれるように、不吉な夢を良夢に転化させることも要請された。最上の夢解きは、相手を暗示（マインドコントロール）によって、運命は好転させ得ると思わせる人物ということだろう。「打伏しの巫女」とはそんな女性だったにちがいない。

悪霊云々では、兼家の娘超子も元方《もとかた》の霊に悩まされたことで知られる。兼家自身については、物怪・悪霊と対決した豪胆ぶりの逸話が知られる。「法興院《ほこいん》の怪」として、『大鏡』が紹介する話だ。二条京極《にじょうきょうごく》の別邸として知られた法興院は、道長の時代には積善寺《しゃくぜんじ》と号した。

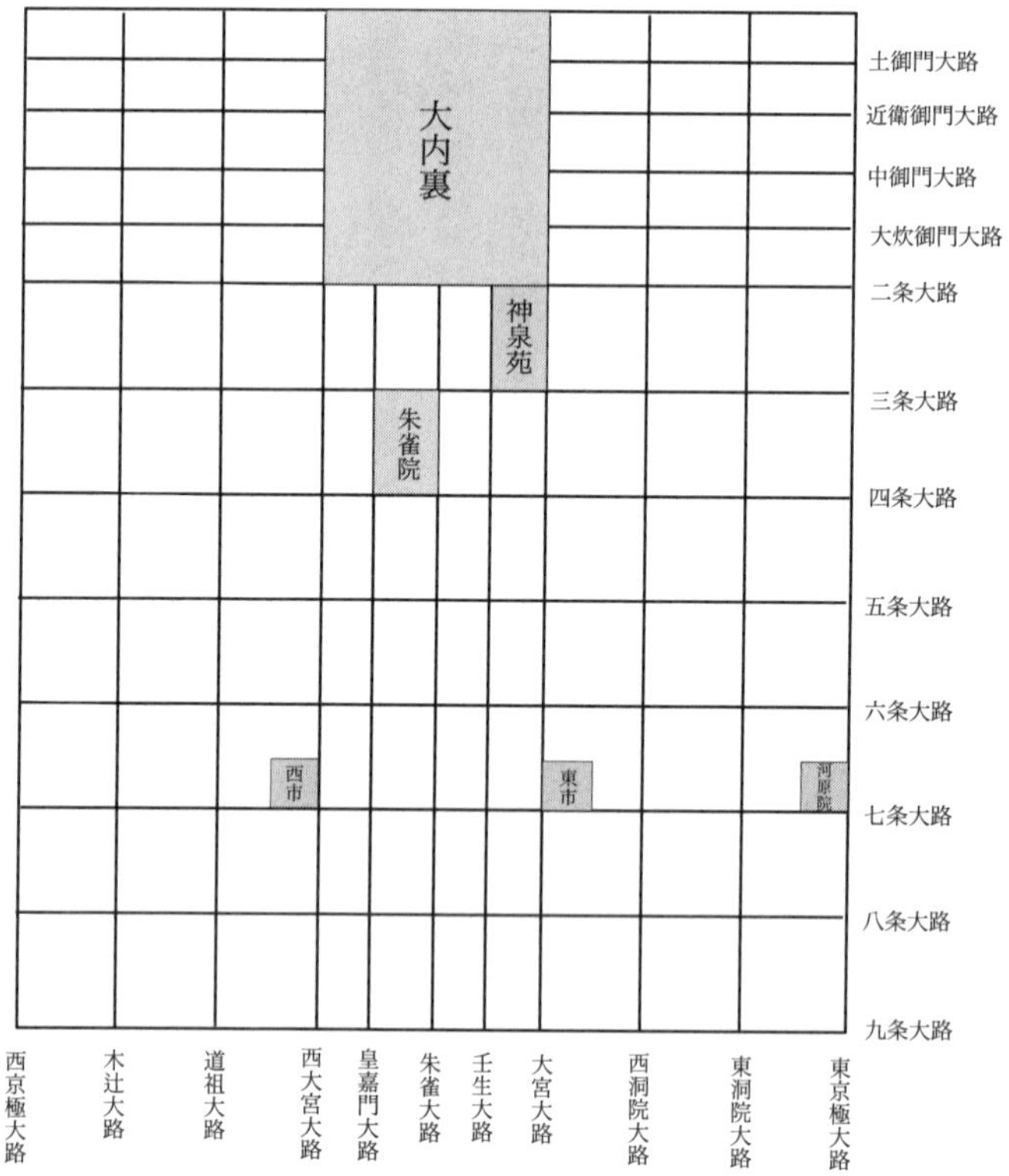
大内裏
神泉苑
朱雀院
西市
東市
河原院
土御門大路
近衛御門大路
中御門大路
大炊御門大路
二条大路
三条大路
四条大路
五条大路
六条大路
七条大路
八条大路
九条大路
西京極大路
木辻大路
道祖大路
西大宮大路
皇嘉門大路
朱雀大路
壬生大路
大宮大路
西洞院大路
東洞院大路
東京極大路

平安京略図

『栄花物語《えいがものがたり》』にも「この二条院、物の怪もとよりいと恐しうて」と見え、荒涼とした場所から人々はこの近辺を嫌った。

逆にこの閑静を好み、周辺の人々の気遣いをよそにここに足を運び、これがために兼家も病を得て死んだのだとうわさされた。兼家の法興院でのエピソードは、月見のために格子を上げていた時、「目にも見えぬもののハラハラとまゐり」、格子を下げてしまった。彼はその物怪にむかい、太刀を取り威嚇することでこれを撃退したという内容だ。どうやら、運ある者へは物怪も取り憑きにくかったらしい。

四　「三道」の時代

「三道」の周辺

いよいよ「三道《さんどう》」時代に入る。「三平《さんぺい》」との決定的相違は天皇の権力の弱体化がより顕著となったことだ。「三平」における忠平《ただひら》、「三道」の道長《みちなが》、この両人は藤氏の摂関体制を画した人物である。共通するのは、ともにその地位を偶然から手中にした点だろう。忠平同様、道長の場合も兄の道隆《みちたか》が酒癖の故に早死にしたこと、次兄の道兼《みちかね》は「七日関白」の異名のとおり、当時流行の疫病のために死去したこと、この偶然ともいえる条件がなければ「御堂関白」の誕生はありえなかった。

以下、道隆流から話をすすめたい。永祚《えいそ》二年（九九〇）、三十七歳で内大臣となった道隆は、その後関白ついで摂政に就任、長徳《ちょうとく》元年（九九五）に没した。「上戸《じょうこ》」を誇った道隆の死は酒毒がたたった。もっとも、この時期は「長徳《ちょうとく》の大疫癘《だいえきれい》」とよばれる疫病が諸国に蔓延した年でもあり、世間ではこれが原因とうわさしたという（『大鏡』）。その疫病の猛威については、

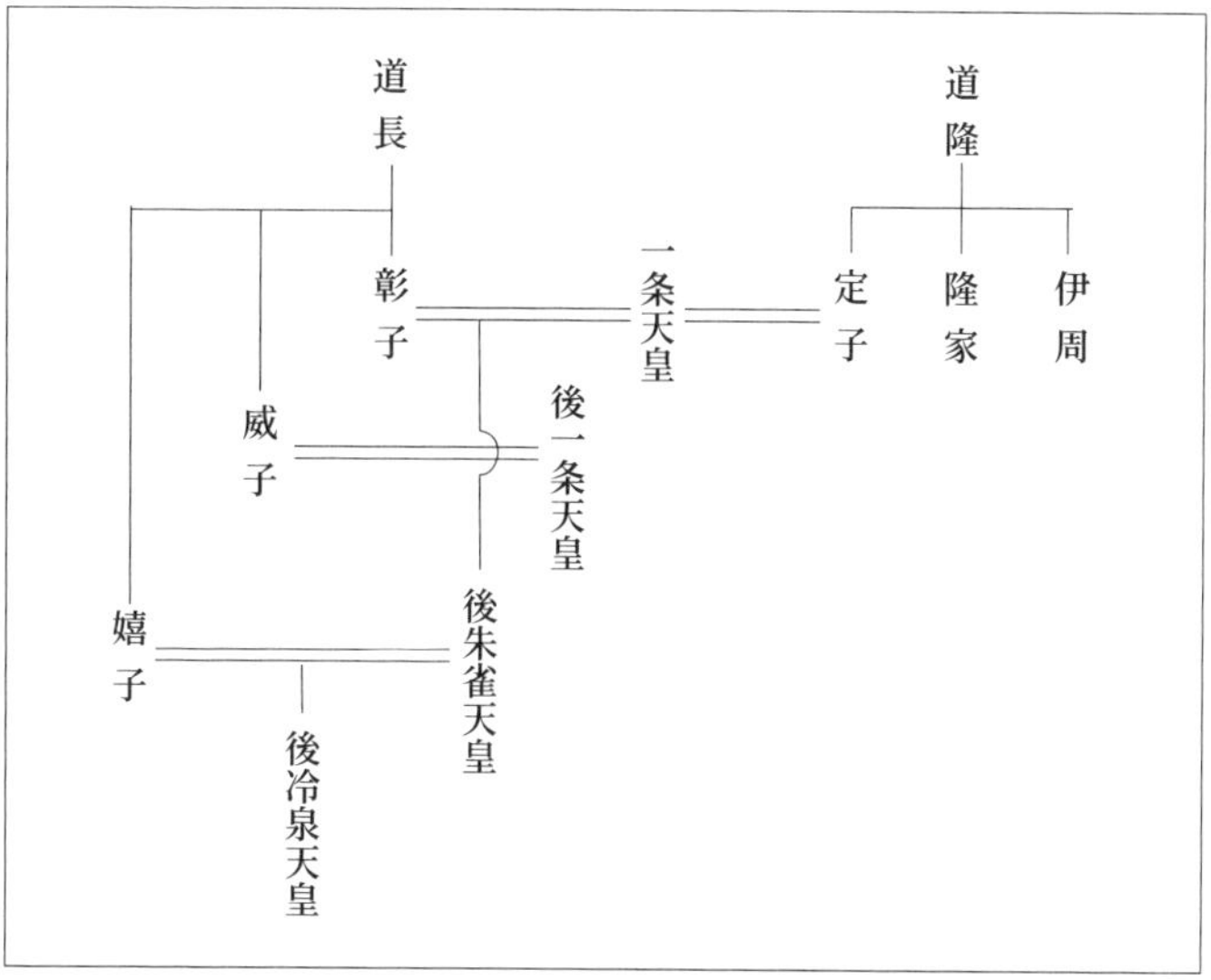

今年ノ夏ノ比、疫癘《えきれい》殊ニ盛ンニシテ、納言《なごん》以上薨《こう》ズル者八人、古今ニ未ダ有ラズ云々　（『扶桑略記《ふそうりゃくき》』巻二十七）

との記事からもうかがわれよう。一条天皇のこの時期は、干天《かんてん》に加え疫病が広がり、人々の不安をたきたてた。源信《げんしん》の『往《おう》生要集《じょうようしゅう》』の流布も人々の死生観に影響を与えた。こうしたなかで道真《みちざね》の怨霊も再び現われ、王朝人の不安を増大させている（『扶桑略記』、永観《えいがん》二年六月二十九日、正暦《しょうりゃく》三年十二月四日条）

道隆には男女七人の子がいたが、一条《いちじょう》天皇に入内した定子《ていし》は有名だろう。『枕草《まくらのそう》子《し》』にもしばしば登場し、清少納言《せいしょうなごん》との機知に富む会話でも知られる。ついでにいえば、道長の娘彰子《しょうし》がその後入内し、二后並立の状態が生まれた。『源氏物語《げんじものがたり》』の紫式部《むらさきしきぶ》は、その彰子の宮廷に入った。清少納言にしろ、紫式部にしろ一条天皇の時代は才女たちでにぎわっていた。

才女といえば和泉式部《いずみしきぶ》もまた彰子のもとに出仕している。恋多きこの女性を紫式部は「和泉はけしからぬかたこそあれ」として嫌ったようだ。少し横道にそれたが、定子について続ける。彼女の入内後、間もなく父の道隆は薨じ、翌年の長徳二年（九九六）には伊周《これちか》ついで隆《たか》家《いえ》の兄弟たちも花山院《かざんいん》誤射事件で配流、失意のなかで落飾することになる。その後に一条院《いちじょういん》の要請もあり、再度宮廷入りし、第一皇子敦康《あつやす》親王を生む。当該の時期は、道長全盛の時代でもあり、有力な後ろ楯がいない定子は長保《ちょうほう》二年（一〇〇〇）二十三歳で崩じた。

そして叔父道長との間で壮絶な権力争いをしたのが伊周《これちか》である。兄道頼《みちより》が祖父兼家《かねいえ》の養子となった関係で嫡子となり、十八歳で参議という異例の出世をとげる。そして正暦五年（九九四）には道長を越して内大臣となり、翌年内覧の宣旨を受けた。かつて観相《かんそう》人が伊周を評して「雷の相」と語ったという（『大鏡』道長伝）。ひとしきりは高く鳴る。すなわち権勢が強まるが、最後は権勢が失墜する人相をいう。むろん、これは道長との対比で語られているエピソードだろうが、おもしろい。たしかに、父の道隆の死とともに権勢は叔父の道長へと移った。悪いことは重なるようで、前にふれたように、伊周は長徳二年、左遷の憂き目にあう。弟の隆家とともに花山法皇に矢を射かけたためだった（長徳の変）。大宰権帥《だざいのごんのそち》として配され翌年帰京を許されるが、道長の前に敗北、三十七歳で死去する。

「長徳の変」と伊周・隆家

伊周《これちか》配流の因をなす花山《かざん》法皇への不敬事件は、いささか珍妙な話だった。大略はこうだ。伊周は藤原為光《ためみつ》（師輔《もろすけ》の九男）の娘を愛人としたが、その妹のもとに通う花山院を誤解し、弟の隆家と共謀して矢を射かけたというものだ。当然、隆家も出雲権守へと左遷された。二年後に復官した隆家《たかいえ》は、姉定子《ていし》の敦康《あつやす》の皇太子実現に尽力するが成功しなかった。

その隆家を有名にした歴史的事件が寛仁《かんにん》三年（一〇一九）の刀伊《とい》（女真族）の入寇《にゅうこう》事件だ。おりしも眼病をわずらった隆家が大宰府に名医がいるとの報により、大宰権帥《だざいのごんのそち》として赴任している時期のことである。隆家の果断な対応もあって、九州の武士たちを動員し撃退した（『朝野群載《ちょうやぐんさい》』『小右記《しょうゆうき》』）。九州出身の武士団のいくつかには、この隆家を祖と仰ぐものもあり、刀伊入寇事件と隆家の関係が武勇伝説という形で展開されたものだろう。『古今著聞集《ここんちょもんじゅう》』に兄伊周と相撲の勝負をしたとき、この隆家側が敗北し大泣きしたとの話も、彼の負けず嫌いな性向を語っていよう。いずれにしても花山法皇への誤射事件は、伊周・隆家兄弟にとって汚点となったわけで、これを最大限に道長は利用したはずだ。

さて、花山法皇云々に関連し、ここで天皇時代の花山院について、その退位事件のあらましも語っておきたい。この一件に最も深く関与したのが道隆《みちたか》の弟、道兼《みちかね》だった。「七日関白《なのかかんぱく》」の異名のとおり、念願の関白就任の直後、道兼は疫病にかかり没した。この道兼は花山天皇退位事件について、「花山院をば我こそすかしおろし奉りたれ」（『大鏡』道兼伝）と語っている。自分こそが花山院をうまくだまし、退位させたとの発言である。道兼が父兼家の意を受け、天皇を退位させたことは多くの史料にも指摘するところだろう。

花山天皇の出家・退位は寛和《かんわ》二年（九八六）、十九歳の時のことだった。前年最愛の弘徽殿《こきでんの》女御《にょうご》（為光の娘忯子《しし》）の病没も原因だったという。ちなみに伊周配流事件のきっかけをなす退位後の花山法皇が愛した女性は、この忯子の妹（四の宮）だった。それはともかく、当時蔵人であった道兼は、言葉たくみに天皇を内裏から連れ出し、東山の花山寺（元慶寺《がんぎょうじ》）で剃髪させ逃げ去った。他方宮中では兼家の外孫懐仁《やすひと》親王が位につく。一条天皇（母は詮子《せんし》）である。花山院退位の仕懸人ともいうべき道兼は、一条天皇即位後、父兼家の摂政にともない、中納言へと昇進する。

この花山院退位事件にも怨霊がいた。すでにふれたように冷泉院《れいぜいいん》以来の藤原元方《もとかた》の霊が退位を決意させたとの風聞だ。不可解な話はすべからく怨霊を持ち出すことで帳尻を合わせる流れなのだろうが、それだけに宮中の入内競争が人々の耳目を賑わせたことになる。

安倍晴明、一条戻橋の怪

花山《かざん》退位の一件を、いち早く察知した人物がいた。陰陽道《おんみょうどう》のエキスパート安倍晴明《あべのせいめい》である。道兼《みちかね》に付き添われた花山院は元慶寺《がんぎょうじ》への途中、晴明の家の前を通過する。超能力者晴明は、居ながらにして退位のことを察知したという。晴明はすばやく内裏に式神《しきがみ》を派しこの一件を知らせたが、すでに天皇は出家した後のことだった。式神とは陰陽師が用いた鬼神をさした。晴明はその式神を自由に駆使できる人物として知られていた。晴明といえば、やはり一条戻橋《もどりばし》も有名だ。堀河一条にあったこの橋は、別名土御門橋《つちみかどばし》ともいわれた。

後世陰陽道や修験の世界を統轄する家となる土御門（久我《こが》）家は、この霊的威力を職能とした。多分に伝説化された場面だが『源平盛衰記《げんぺいせいすいき》』でも、その一条戻橋の由来が伝えられている。

橋の持つ観念は、時空を越えた異次元の世界を現出させる媒介として機能する。彼岸《ひがん》と此《し》岸《がん》のかけ橋であり、冥界との境も橋のイメージということになる。〝交信・交感の場〟たる橋の有した機能である。

例えば『撰集抄《せんじゅうしょう》』が指摘する三善清行《みよしのきよゆき》の蘇生《そせい》譚もそうだ。清行といえば例の道真《みちざね》のライバルとしても知られ、文人貴族の代表とされる。その清行の危篤のさいに、熊野にいた子息の浄蔵《じょうぞう》は、急ぎ帰京するが間に合わず、この戻橋で父の葬列に出くわす。一心に祈念する浄蔵の前で清行は蘇ったという。冥界・死後の世界からの回帰、これが戻橋の由来だとする。それ故に異界の鬼たちもここに好んで出現した。

その戻橋には多くの逸話が残されている。橋の有する魔界的イメージは天狗・物怪・鬼、総じて百鬼夜行が跋扈する世界とも重なる。源頼光の四天王の一人渡辺綱《わたなべのつな》と鬼神との対決の場だった。『源平盛衰記』（剣巻）にも載せるこの話では、綱は源家相伝の宝剣「鬚切《ひげきり》」を持ち、一条戻橋で美女から変じた鬼神と戦い、宝剣の霊威で難をまぬかれる。

戻橋で鬼と闘う綱はその太刀で鬼の腕を切り落とすが、髻《もとどり》をつかまれた綱は北野天満宮の回廊に落下する。北野社は天神すなわち道真を祭る社だが、ここは鬼神の難から解放される無縁の〝場〟として設定されていた。

この伝説が創作された中世には、道真（北野社）は鬼・怨霊・物怪からの守護神へと変じていた点だ。かつては怨霊の権化として恐れられたあの道真は、畏怖の対象から外護の対象へと変化した。宝剣の霊威を語るこの話でも一条戻橋が設定されており、王朝の裏側を見せてくれる。

悪霊の左府・顕光の怨念

多分に伝説化した戻橋や晴明《せいめい》の超能力的場面での虚実はおくにしても、彼が「三道《さんどう》」時代に生きたことは動かない。頼光《よりみつ》も綱もその意味では同時代人だった。当然ながら晴明と道長《みちなが》にまつわる話もある。『宇治拾遺物語《うじしゅういものがたり》』に所見するものだ。道長の愛犬が法成寺《ほうじょうじ》に入ろうとしたとき、衣をくわえたために、晴明に連絡しこの場を占わせたところ、地中より土器に入れた捻紙が出てきた。晴明が呪を誦しこれを天空に舞い上げると、白鷺に変じて南へ去ったという。そこで下僕をその方向に走らせると、老法師の古家にたどり着いたので、これを尋問した結果、堀川左大臣顕光《あきみつ》の悪霊が背後にいたというものだ。

この説話には晴明のライバルとされた芦屋道満《あしやどうま》（道摩法師）も登場するなど興味深い点もあるが、怨霊問題に限定すれば、注目されるのはやはり道長と顕光の関係だろう。両人の父である兼通《かねみち》・兼家《かねいえ》兄弟が犬猿の仲だったことは既述したが、顕光そして道長もまたその娘の入内をめぐり対抗関係にあった。『宇治拾遺』の話はこうした事情がわからなければおもしろ味も半減しよう。

元方《もとかた》の悪霊の場面でもふれたが、三条《さんじょう》天皇の東宮敦明《あつあきら》親王（小一条院）に、東宮妃として顕光の娘延子《えんし》が入内していた。その姉の元子も一条《いちじょう》天皇の女御であり、顕光にとって道長はライバルだった。元子は皇子を産まず外戚の夢はくずれるが、延子は敦明との間に皇子をもうけ顕光の期待も少なくなかったが、東宮退位という変事によりその望みも見果てぬ夢となった。

この不運と好対照なのが道長だった。道長の娘彰子《しょうし》は一条天皇に入内し皇子が誕生、その妹寛子《かんし》も小一条院《こいちじょういん》と結婚する。入内問題に関しては顕光と道長は対極の状況だったといってよい。かくして悲運のなかで治安《じあん》元年（一〇二一）に死去した顕光は、死霊として道長を呪うことになる。道長の娘寛子・嬉子《きし》・妍子《けんし》の死は、いずれもこの顕光の怨霊・死霊が因とされた。

花山院《かざんいん》退位事件を引き金に話題が、安倍晴明そして一条戻橋へと広がり、道長へと移行しつつある。以下では、この「三道」時代の中心道長に焦点を絞り、「藤氏物語」の幕をとじるとしよう。

五　源氏物語と王朝の物怪

『源氏物語』と物怪

道長《みちなが》のことに入る前に、急ぎ『源氏物語《げんじものがたり》』と怨霊についても触れておく。紫式部《むらさきしきぶ》も一条天皇時代の才女であったことは先にふれた。光源氏《ひかるげんじ》のモデルは道長が投影されているとの説もある。『源氏物語』は紫式部が体験した人間模様を、延喜《えんぎ》・天暦《てんりゃく》期にさかのぼらせ、設定・叙述された作品だった。当然ながら彼女の宮廷内での実際が、小説世界に仮託され混入されている。『源氏物語』を読むたびに出くわすのは、怨霊や生霊、あるいは鬼神・物怪といった、〝おどろしき〟世界だ。これが男女の情念と同居するかたちで語られることがしばしばある。その意味では、これまで、「藤氏物語」で述べてきた場面とさほどの距離があるわけでもない。式部は『源氏』のなかで、物怪とは人の心の中に棲む鬼が凝り固まったものと解し、情念の発露を物怪なり生霊なりの形で登場させたのだろう。

例えば六条御息所《ろくじょうのみやすどころ》の場合がそうだ。この名前を聞いて、なるほどと思われる方も少なくないと思う。光源氏と情をかよわすこの女性は某大臣の娘であり、十六歳のときに桐壺《きりつぼ》帝と同腹の皇太子と結婚し、姫君を産む。その後皇太子に死別、七歳下の光源氏と情をかよわせることとなる。彼女の源氏への思慕は強まる一方だが、源氏は別の女性へと心を移すようになる。

かくして源氏が愛する女性は、屈折した御息所の怨念により犠牲となってゆく。夕顔《ゆうがお》をとり殺す物怪は、直接には廃院の怪によるが、この御息所の生霊・怨念も含まれているとされる。葵上《あおいのうえ》への嫉妬から、生霊となってこれに取り憑く場面は、それが一層明白となる。葵《あおい》祭《まつり》での物見車を立てる所争いで、葵上の下人に恥辱をこうむったうえに、源氏からの心遣いも葵上に劣ることとなり、御息所のプライドは傷つく。

その葵上は物怪に悩まされ死ぬこととなり、源氏と御息所の関係の溝は深まる。「賢木《さかき》」の巻では、伊勢に下向する御息所を源氏が訪れて、彼女との別離がなされる。やがて帰京した御息所は没することになるが、源氏への想いは死霊となって再度登場する。「若菜《わかな》」では、紫《むらさきの》上《うえ》を悩まし、「柏木《かしわぎ》」の巻では女三宮《おんなさんのみや》に取り憑き出家させる。

六条御息所に象徴される女性の怨念は、『源氏物語』という固有の場を越え、その後いろいろな文学作品へと流入する。能の名作『葵上』もその一つだ。ここでは御息所は車争の恨みで、生霊となり葵上に後妻打ち（前妻が後妻をこらしめること）をするが、横川《よかわ》の聖《ひじり》に祈られ成

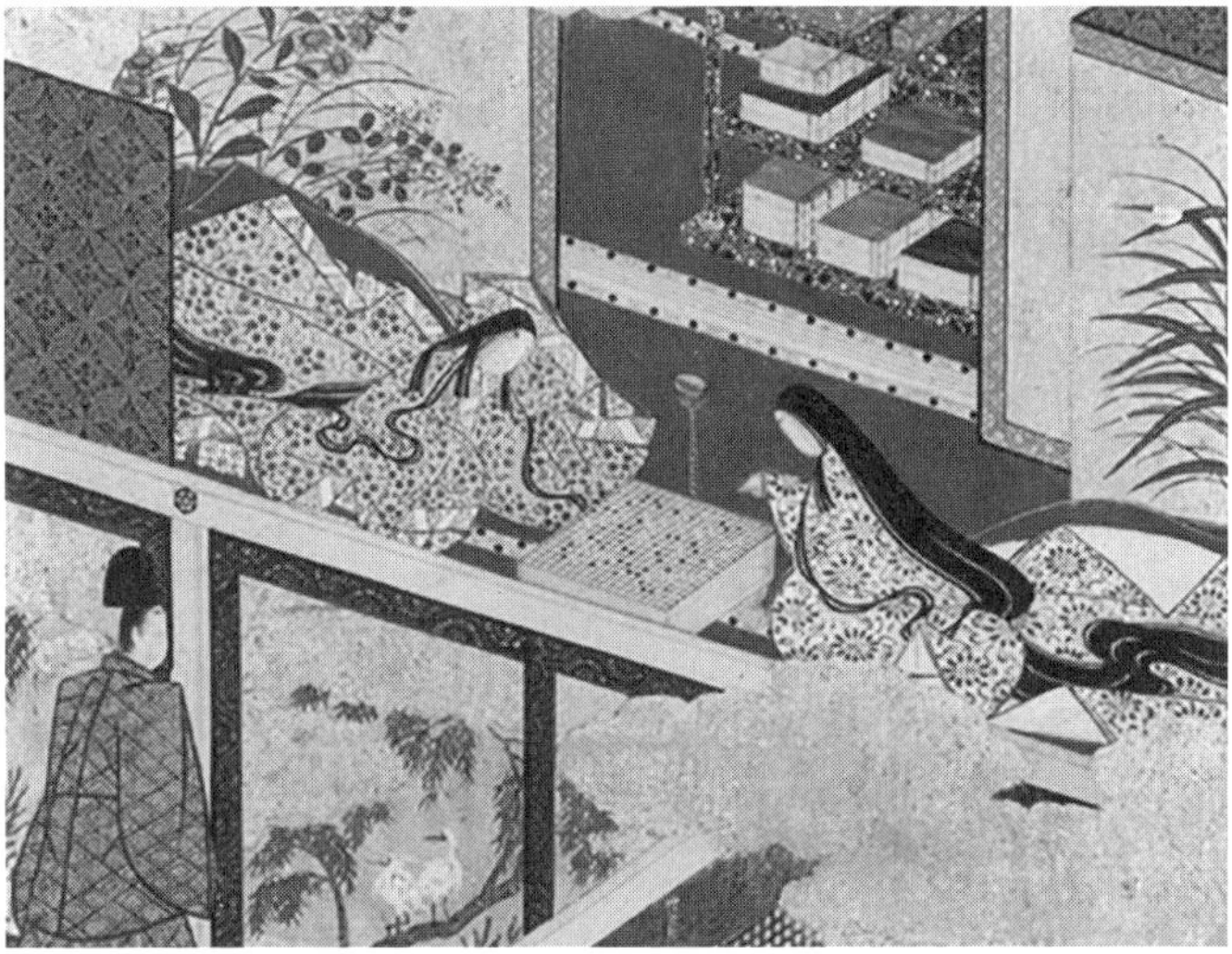

「源氏物語絵色紙帖 空蝉 詞後陽成院周仁」
（京都国立博物館蔵、出典 ColBase《https://colbase.nich.go.jp》）

右下の女性が紫式部との説がある（「紫式部日記絵巻（模本）、東京国立博物館蔵、出典 ColBase《https://colbase.nich.go.jp》）

仏するというものだ。ここでは女の情念は祈禱により封印されており、『源氏物語』のかかえる〝物語〟性は後景に位置づけられている。

同じく室町期の御伽草子の世界にも『源氏物語』が入り込んでいる。例の六条御息所の生霊云々では『火桶《ひおけ》の草子《そうし》』の一節が参考となろう。

もの妬《ねた》みといふことも、昔よりあるならひなればこそ、源氏物語にも、六条御息所、賀茂の祭りの車争ひゆゑに葵の上をねたく思ひ給ひて、生霊《いきりょう》と現れ、遂に取り殺し給ふと見えたり

火桶を割った姥に対し、翁はこれを嫉妬のせいだと非難する。右の場面はその非難にさいし、姥側の反論として持ち出されたものだ。抑え難い妬みの感情を姥は『源氏』を引用しつつ述べたのだった。このあたりは平安の王朝人が皮膚感覚で知っていた物怪あるいは生霊の恐怖から遠いようだ。この遠さは時代性に根ざしたものだろうが、同時に庶民的世界を象徴化する御伽草子ならではのものだろう。

道長とされる絵（右）（「紫式部日記絵巻（模本）」東京国立博物館蔵、出典 ColBase〈https://colbase.nich.go.jp〉）

道長の人となり―闇夜の肝だめし

天下の事、意の如くせざるは無し。摂関を置きてより以来、未だ権寵《けんちょう》此の如き者有らず

これは『大日本史賛藪《さんそう》』（安積澹泊《あさかたんぱく》）が語る道長《みちなが》評の一節だ。近世江戸期の史論は道長を右のように評した。たしかに摂関政治の最盛期を現出したのは、道長時代だろう。まずは、その略歴をふくめ道長の全体像について事典風にしたためておく。

康保《こうほう》三年（九六六）誕生。兼家五男、母は摂津《せっつ》守中正《なかまさ》の娘、蔵人・左京大夫などをへて従三位《じゅさんみ》。その後中納言、二十六歳で権大納言・左大将。長徳《ちょうとく》元年（九九五）、兄の道隆《みちたか》・道兼《みちかね》の死により右大臣、氏の長者となり、内覧《ないらん》の宣旨《せんじ》を受けた。長保《ちょうほう》元年（九九九）、十二歳の長女彰子《しょうし》を一条天皇に入内させ、寛弘《かんこう》五年（一〇〇八）皇子の誕生をみる。次女妍子《けんし》は三条《さんじょう》天皇に、三女威子《いし》は後一条《ごいちじょう》天皇（母は彰子）にそれぞれ入内、一家三后の極盛を実現した。長和《ちょうわ》五年（一〇一六）、摂政、翌年太政大臣となり寛仁《かんにん》三年（一〇一九）、出家（行観《ぎょうかん》のち行覚）法成寺《ほうじょうじ》に住した。万寿《まんじゅ》四年（一〇二七）その法成寺阿弥陀堂で没した。六十二歳。

以上が道長の略歴だ。いくつかの肉付を加えるならば、ライバルの没落・排斥と外戚関係の樹立という二つの点から整理できそうだ。怨霊あるいは怨念も当然、ここの二点に集約されるとみてよい。

前者についてみると、何度もいうが兄道隆そして道兼の相つぐ死去が大きい。加えて長兄道隆（中関白家）の子内大臣伊周《これちか》との抗争での勝利も大きかった。定子《ていし》が一条天皇に入内、道隆死後も中関白家の勢力は大きかった。伊周による叔父道長に対する呪詛事件も、この時期のことだ。そうした中で長徳二年（九九六）の花山院《かざんいん》への不敬事件による伊周・隆家の配流は、この家筋の凋落を決定づけた。この点は既述した。

天皇と摂関家の婚姻関係

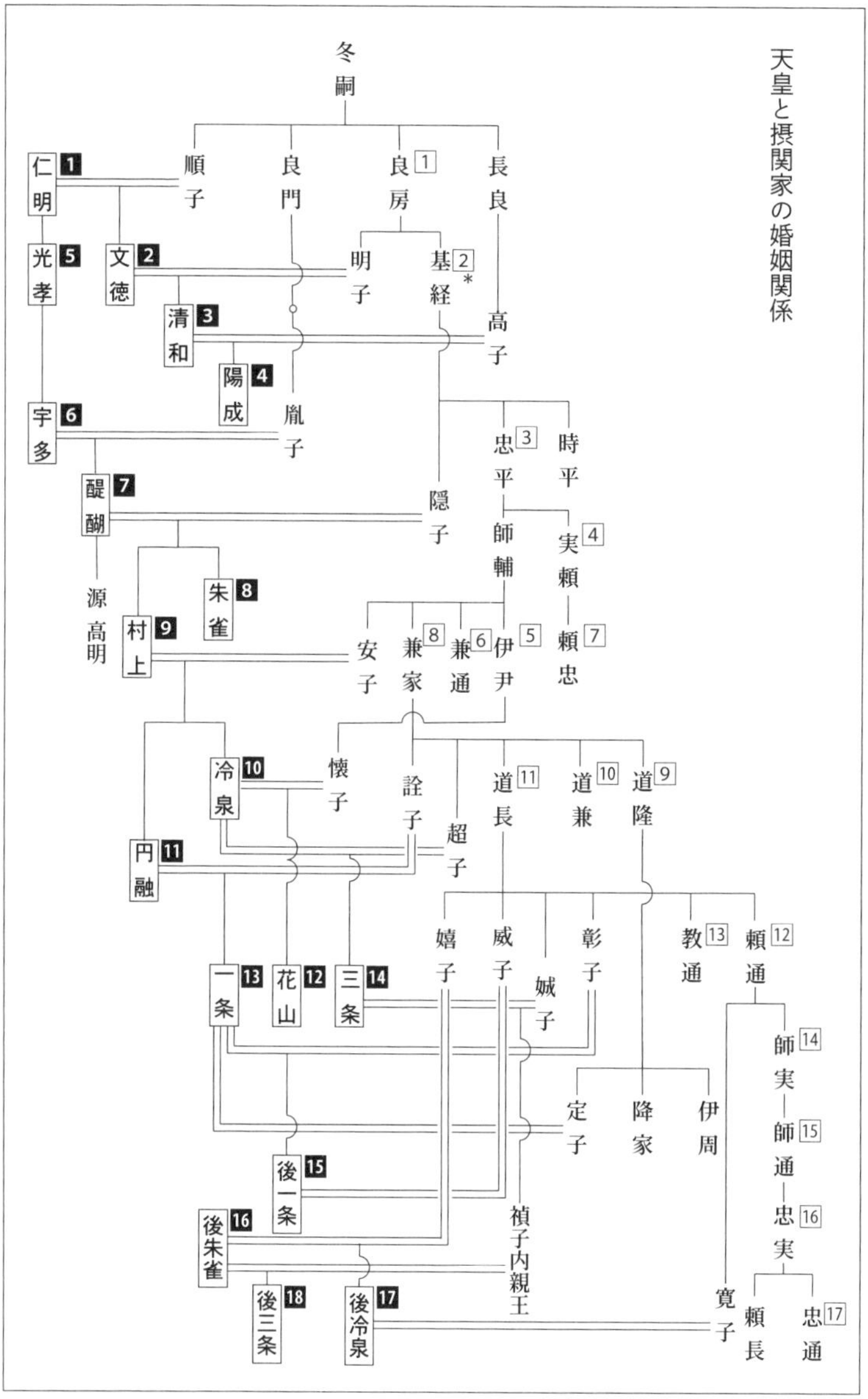

そして道長の権勢をより強固なものとしたのは、後者の外戚関係だ。定子に対抗すべく娘の彰子を入内させたのは伊周配流の四年後であり、皇子誕生がさらにその八年後の寛弘《かんこう》五年（一〇〇八）のことだった。この時点で名実ともに権力の基盤が確立する。しかし他方でライバルの顕光も娘の元子《げんし》（一条天皇の女御）・延子《えんし》（小一条院妃）両人を入内させ、対抗勢力として健在だった。後世、彼は「悪霊《あくりょう》の左府《さふ》」（『宝物集』）として、道長の家系を呪詛する伝説の主役とされた。この点もふれた通りだ。

それはともかくとして、外戚云々からいえば、これを実現しえた道長自身の血縁的ネットワークにも注目すべきだろう。道長の正室倫子《りんし》、第二夫人明子《あきこ》ともに源氏の出身であった点は留意したい。倫子の父雅信は宇多天皇の孫であり、明子の父は例の安和の変で配流となった高明だった。父の左遷後、明子《めいし》は東三条院詮子《せんし》（道長の姉）に迎えられ、「宮ノ御方」として愛育され、道長の第二夫人となる。美貌の明子をわがものとすべく道長の兄たちとの種々のエピソードは、『大鏡《おおかがみ》』にも語られているところでもある。

いずれにしても、偶然的条件をへるなかで、権力の中枢に位置するに至った道長には、意外なほどに陰惨な影が少ない。道長の人となりを語る逸話は多いが、その豪胆さは以下の話からもうかがわれる。

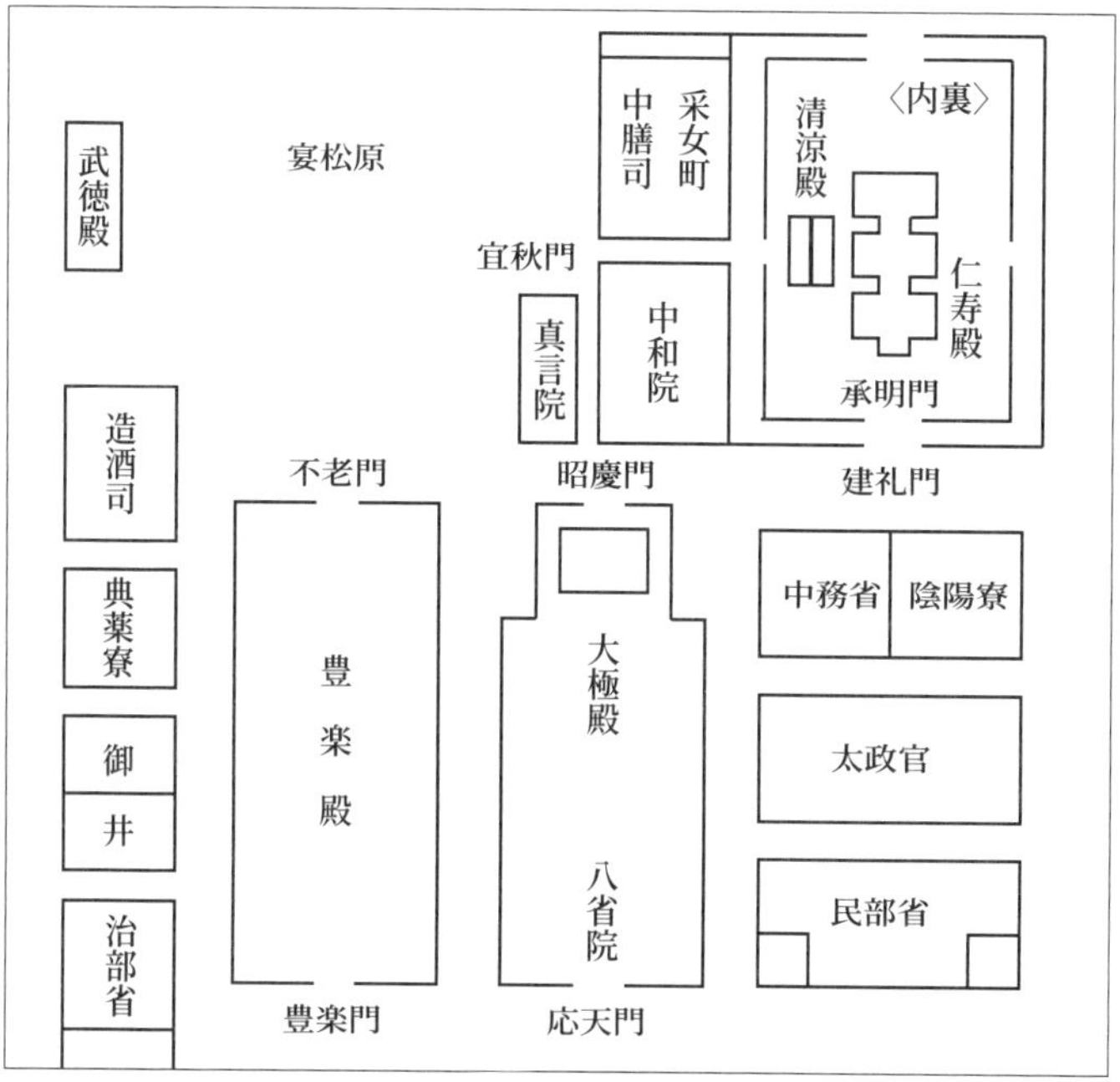

平安京内裏部分図　（仁寿殿・豊楽院・大極殿）

五月下旬の闇夜のこと。花山院は道長たち三兄弟に肝だめしの難題をふきかけた。道隆は豊《ぶ》楽院《らくいん》、道兼は仁寿殿《じじゅうでん》の塗籠《ぬりごめ》、道長は大極殿《だいごくでん》、これがかれら三兄弟たちに指定された場所だった。もともとは花山院の遊興心からの発案だった。この挑発を正面から受けたのが道長ということになる。当然、兄たち二人は乗り気ではなかったが、勅命により指定の場へとそれぞれが向かう。

道隆は右衛門の陣まで辛抱したが、ついに宴《えん》の松原《まつばら》までが限界だった。ここで疑心暗鬼からこらえきれずに引き返したという。この宴の松原は宜秋門《ぎしゅうもん》の外にあり、昔若い女性が鬼に食われたとの風説があった場所だ（『今昔物語集』）。

道兼はどうか。彼は露台《ろだい》（紫宸殿と仁寿殿の間の板敷の台）の外までふるえながら赴くが、仁寿殿の東側に巨人の影を見出しこれまたゲームオーバーとなった。そして道長だ。指示された承明門《じょうめいもん》から出て、大極殿へと赴き「いとさりげなく」戻ったという。おまけに高御座《たかみくら》の南側の柱の下部を削り取り、証拠として持参するという念の入れようだった。

怨霊たちの来歴

われわれは前項で道長《みちなが》の人となりを含め、血縁関係のあらましをみた。ここでは『藤氏物語』の最後として、「三平《さんぺい》」から「三道《さんどう》」時代に至る怨霊の来歴について、いま一度おさらい風にふり返ることからはじめよう。

まずは道真《みちざね》だ。その怨霊は時平《ときひら》系を根だやしにする。政権の忠平《ただひら》系への移行を演出するための装置としては道真は格好の材となったはずだ。忠平と道真の配流先での消息往来云々の話も、多分にデフォルメされた場面で整理できそうだ。

それはともかく道真の怨霊（天神信仰）が与えた意義は、王権の超越性あるいは絶対性が、この怨霊問題で相対化された点だろう。『将門記《しょうもんき》』が記す八幡神と天神の供託による新皇の認定は、これを如実に語るものであろう。さらに言えば延喜《えんぎ》の聖帝醍醐《だいご》もまた時平と同様に、冥界において罰を受ける。ここには仏法の隆盛のなかで、霊威の世界が王威・王権をも相対化しようとする流れが看取できる。

道真に続いて登場するのは藤原忠文《ただぶみ》の霊だった。小野宮実頼《おののみやさねより》と九条《くじょう》師輔《もろすけ》両者による将門追討の恩賞論議から、小野宮流に怨みを含み、師輔の九条流を外護するのが征東将軍忠文の怨霊との設定である。かくして時平から忠平へ、そして忠平の子の実頼から師輔へと政権が移る。その師輔の子孫、これを怨むのが藤原元方《もとかた》の霊だった。娘元子《げんし》が村上天皇に入内、第一皇子広平《ひろひら》親王を産むが、師輔の娘安子《あんし》の所生冷泉《れいぜい》天皇の存在で外戚の望みは絶たれ、死後怨霊と化したとされる。

この元方の怨霊は道真のそれと同様、摂関家に大きな影を投じた。道真の霊が王権の絶対性からの解放に関与したとすれば、元方の場合は、その霊が冷泉以降の花山《かざん》や三条《さんじょう》さらには小一条院《こいちじょういん》までも含めた、王および王胤に対する打撃として作用したことだろう。

ここには臣下の霊でさえ、王統の継承に関係し得る場面が現出したことになろう。それはある意味では冷泉院以後の王統の継承が、師輔流の外戚政策により実現される状況をふまえてのことだった。要は天皇も怨霊の霊的威力の前では無力であった。これは摂関体制の成熟と表裏の関係にあることにも留意すべきだろう。

　次なる怨霊は朝成《あさひら》のそれだ。こちらは蔵人頭《くろうどのとう》（あるいは大納言）争いに敗北し、師輔の子伊尹《これただ》の一族に取り憑く。かくして師輔の主流の子孫で残るのは兼通《かねみち》と兼家《かねいえ》の流れだった。この両者の争いはもちろん兼家に軍配があがる。怨霊云々でいえば、敗者復活をはかる兼通の子顕光《あきみつ》が道長に入内問題で対抗、最終的に敗北する。右にみた怨霊が敵人関係をかもし出しつつこの道長の家系に収斂される過程、これが「藤氏物語」たる『大鏡《おおかがみ》』の一つの読み方だろう。

　もっとも、この道長とて怨霊や物怪・鬼神への畏怖から全く自由であったわけではない。万寿《まんじゅ》二年（一〇二五）八月、娘嬉子《きし》の死んだ夜、屋根上で「魂呼《たまよ》ばい」を行っている。そして何よりも彼の死際においては、阿弥陀仏に自らが五色の糸でつながれ往生を願ったほどだった。そしてこの法成寺《ほうじょうじ》内の五大堂に創られた不動尊などの諸仏は「家門ニ怨ヲ成ス怨霊」を降ろし、鎮める意図で造仏されたという（『扶桑略記』治安二年七月十四日条）。当然ながら、そこには摂関家への怨念の霊を慰撫する意図が込められていよう。「家門ニ怨ヲ成ス」その「怨霊」が具体的に何を意味するかは不明だとしても、敗者への鎮魂を込めた行為であることはまちがいない。

敗れし者、そのある者は濡衣《ぬれぎぬ》により怨みを抱き没した者もあろう。また己の待遇への不満から憤死・憂死した人物もいた。あるいは政変に加担し、配流となり怨霊となった者もいよう。そしてある者は娘の入内競争に敗北し、失意のうちに亡者となったものもいたということだ。怨霊・死霊・生霊と呼称はさまざまだが、それらは勝者となった当人やその家門に祟りをなし、一門の人々の心に棲むことで、宿怨を達成する。

闇が闇であった時代は、敗者の怨みは宿怨として人々の行動を左右する。王朝の貴族は、道長も含めそんな時代に生きていた。

II　怨霊と内乱

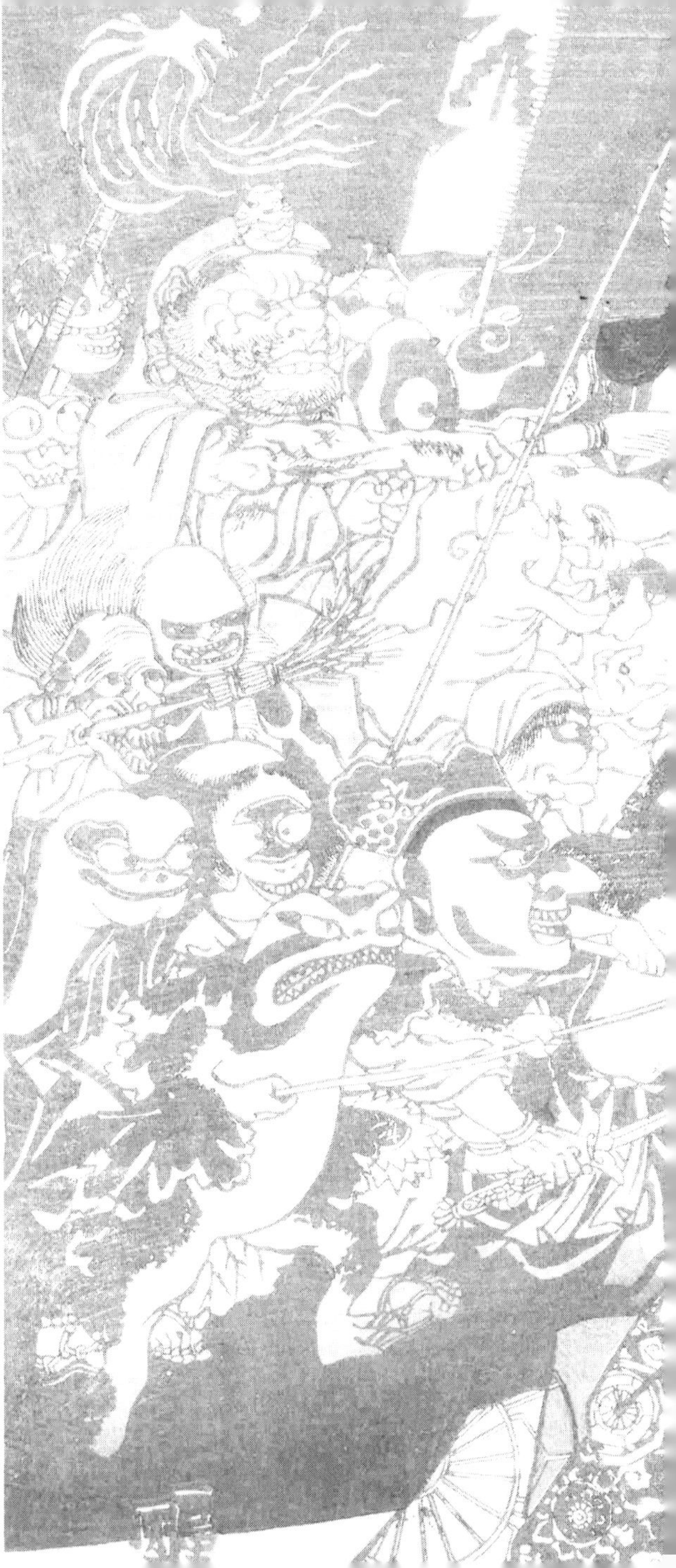

ここでのテーマは「武者ノ世」の怨霊である。前章が王朝貴族の世界に材を取ったのに対し、武の世界を軸に平安末期の人々の怨霊観を語りたい。「武者ノ世」の到来は、最終的には平氏そして源氏という武家を誕生させた。十二世紀後半は保元《ほうげん》・平治《へいじ》の乱に始まり、治承《じしょう》・寿永《じゅえい》の源平争乱におよぶ、内乱の時代ということになる。この内乱の時代を経験することで、社会はどのように変化したのか。この点を、怨霊問題に引きつけ考えること、これが課題だ。

内乱の時代は武力が圧倒的重みをもって人々の意識を規定した。怨霊とのかかわりで、武者たちの生態について述べ、あわせて怨霊が武力に封印・封殺される状況を考えたい。平安末期の政治史を今更ながらトレースすることは最小限にとどめたい。ここでの目的に合致する素材は『平家物語《へいけものがたり》』がたのもしいようだ。前章の「藤氏物語」との対比からもバランスよさそうだ。その『平家物語』を用いたとしても、つきなみの源平争乱史の中身は、すべて読者の了解の内としつつ、話をすすめよう。

一　敗者の怨霊

白河院と物怪

白河院《しらかわいん》といえば、「天下三不如意」の話で有名だろう。院政という政治形態はこの白河院（上皇）からはじまる。そこでこの白河院登場までの王権の継承の様子をひとわたりながめておく。道長《みちなが》の娘彰子《しょうし》が入内した一条《いちじょう》天皇との間には後一条《ごいちじょう》・後朱雀《ごすざく》の両天皇が誕生する。白河院の父後三条《ごさんじょう》天皇は、後朱雀天皇の第二皇子（尊仁《たかひと》親王）だった。母は陽明門院《ようめいもんいん》禎子《ていし》内親王である。道長と不仲とされた三条《さんじょう》天皇の皇女だ。後朱雀天皇の第一皇子は道長の娘嬉子《きし》の生んだ親仁《ちかひと》親王（のちの後冷泉《ごれいぜい》天皇）である。

道長の後継頼通《よりみち》は外戚の地位を得ようとしたが、皇子の誕生をみず後冷泉即位後は弟の尊仁が東宮《とうぐう》となった。当然のこととして関白頼通は反対した。このあたりは大江匡房《おおえのまさふさ》の『江談抄《ごうだんしょう》』に見える「壺切《つぼきり》の剣」の話からも明らかだろう。かくして藤原氏にとって歓迎すべからざる後三条天皇が誕生する。

その後三条天皇と藤原公成《きんなり》の娘との間に生まれたのが白河天皇だった。その後、天皇は八

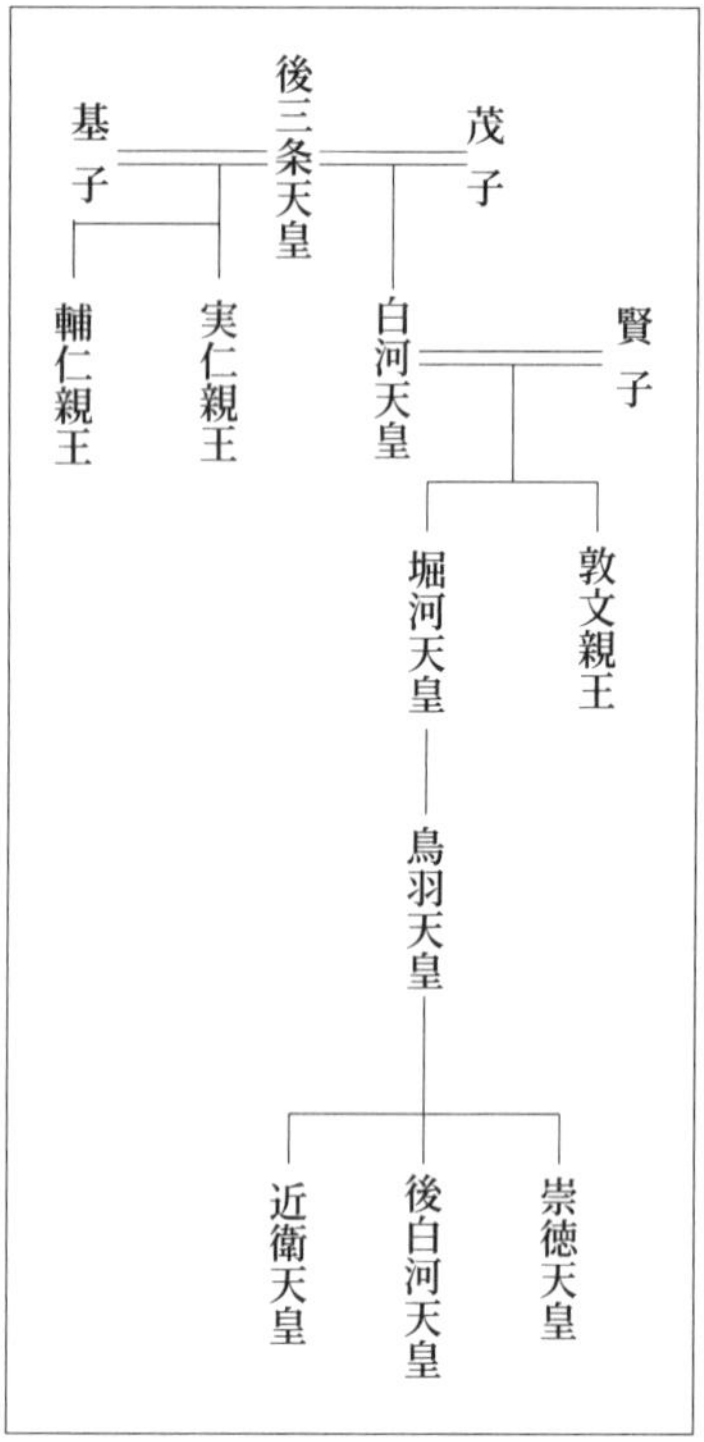

歳の東宮善仁《よしひと》親王（堀河《ほりかわ》天皇）に位を譲り、実際の政務を執行する。これが院政の始まりである。ここでの主役はその白河院にまつわる、怨霊譚からはじめたい。

白河院御とのごもりて後、物におそはれさせ給ひける。しかるべき武具を御まくらの上にをくべしときありて、義家《よしいえ》朝臣にめされければ、まゆみの黒ぬりなるを一張《ひとはり》まいらせたりけるを、御まくらにたてられてのちおそはれさせおはしまさざりければ、御感ありて、此ゆみは十二年の合戦のときやもちたりしと御たづね有ければ、おぼえざるよし申されけり。上皇しきりに御感《ぎょかん》在ける。

白河院は寝所で物怪に悩まされたことがあった。「しかるべき武具」を枕上に置くようにとの命があり源義家が召し出された。義家は黒塗りの弓を献上し枕上に置いたところ、その後は怨霊・物怪に悩まされることがなくなった、との内容だ。『宇治拾遺物語《うじしゅういものがたり》』に載せるこの話には、武器・武具の有する霊力が物怪撃退に役立ったことが語られている。

白河院（「白河院御影」次世代デジタルライブラリーより）

弓の魔性については、鳴弦《めいげん》の儀《ぎ》に象徴される。武器に宿された呪性、それは悪霊を封ずる効能もあった。白河院を襲った怨霊を撃退したのが義家の弓の威力とのストーリーであろう。『源平盛衰《げんぺいせいすい》記《き》』や『古事談《こじだん》』にも類話があるが、全体の構図に変化はない。

右に見える義家の弓について、その霊威に感じ入った白河院は、「十二年ノ合戦」（前九年の合戦）のおり用いたものかを義家に問う場面が見えている。義家自身は定かではない旨を返答したという。奥州の安倍氏討滅に尽力した義家と、異域の封殺に寄与した弓の威力が伝承として定着していたことが了解される。義家の弓の霊威は、日本国の鬼門たる東北（異域）を鎮圧した武威に由来する。鎌倉期にはこうした考え方が一般化していたようだ。

同様の構図は怪鳥鵺《ぬえ》退治で名をはせた源頼政《よりまさ》にも通じる。『平家物語《へいけものがたり》』をはじめとする諸作品の多くは義家の物怪撃退譚と頼政の鵺退治がセットで語られている。酒呑童子《しゅてんどうじ》説話で知られる有名な頼光《よりみつ》は、その頼政の祖だった。平治の乱では清盛側に加担し従三位《じゅさんみ》に叙せられた頼政だったが、以仁王《もちひとおう》挙兵では平家に敵対し、内乱の口火を切った人物としても知られる。

その頼政を著名にした逸話が、怪鳥鵺退治だった。近衛《このえ》天皇在位のおりのこと、内裏に出没し主上《しゅしょう》を悩ませた「変化《へんげ》の物」（＝鵺）を弓矢で見事に退治し、師子王《ししおう》という剣を賜ったとの逸話である（『平家物語』）。有験《うげん》の高僧が秘法を修してもおさえることができない物怪を、頼政は、八幡大菩薩《はちまんだいぼさつ》の加護で撃退する。

義家や頼政の物怪退治の話は、「武威」の効用譚として集約できる。

そこには王権（王威）を「武」で守護する論理が明確に登場していた。のちにも指摘する

伏兵と戦う義家『後三年合戦絵巻』上より
（東京国立博物館所蔵、出典 ColBase　https://colbase.nich.go.jp）

が（「龍宮の安徳天皇」を参照）、「武」による王威守護のために、それを正当的権威に認知させる観念の醸成が必要となる。八幡神の〝武神化〟はこれに対応する。頼政の場面でもそうだが、八幡神と同化することで神威なり霊威を自己に降臨させることが求められた。

中世は明らかに「王威」にかかわり「武威」が自己主張する時代だった。天照大神の「王威」に対応する八幡神の「武威」の創出が、なされる状況が現出しつつあった。「霊威」という不可視的作用を武力で封印する世界である。

右に紹介した説話のいくつかには、中世の〝体温〟を伝えているものも少なくない。「武威」は院政期あたりに自己主張の世界が始まるようだ。

頼豪、魔道へ

白河院《しらかわいん》を襲った物怪の正体はもちろん不明だが、その候補として僧頼豪《らいごう》をあげることもできる。『平家物語《へいけものがたり》』に見える話がそれだ。

院が天皇の時代に皇子の誕生を祈願し、三井寺《みいでら》（園城寺《おんじょうじ》）の頼豪阿闍梨《あじゃり》を招じ、「皇子御誕生祈申せ。御願成就せば、勧賞《けんじょう》は乞ふによるべし」と語った。皇子誕生が実現すれば褒美は自由、こんな約束を白河天皇は頼豪にした。頼豪は真言の秘法で祈りに祈った。その効もあり中宮の賢子《けんし》（源顕房《あきふさ》の娘で、藤原師実《もろざね》の養女）は懐妊した。かくして承保《じょうほう》元年（一〇七四）十二月皇子敦文《あつふみ》親王が誕生する。そこで天皇は「汝が所望の事はいかに」と問うたところ、頼豪は三井寺に戒壇《かいだん》建立（僧徒に戒法を授ける式場、当時は園城寺のライバル延暦寺《えんりゃくじ》のみであった）の許可を申し出た。だが、延暦寺との関係もあり、これは「存外の所望」として却下されてしまう。約束を反故にされた頼豪は怒り、三井寺に帰り憤死する。「わが祈り出したる皇子なれば、取奉て魔道へこそゆかんずらめ」（自分が祈りにより与えた皇子なので、ともに魔道怨霊の世界にひき連れよう）とのことば通り、皇子は病を得てやがて四歳で夭死《ようし》する。

以上が頼豪の怨霊譚の骨格だ。頼豪は長門守藤原有家《ありいえ》の子で、三井寺に入り心誉の弟子となり「験徳《げんとく》ノ声、世ニ播ス」（「寺門伝記補録」）といわれるほど有験の僧として著名だった。

ちなみに、同様の話は『愚管抄《ぐかんしょう》』にも載せられている。「目ハクボクヲチイリテ、面性モミヘズ、シラガノカミナガクヲホシテ」と、憤死に至る頼豪の形相は具体的だ。もっとも全体としては叙述の骨組や肉付は、『平家物語』と酷似しており、両者の脈絡・連絡は否定し難いようだ。となれば『愚管抄』の成立時期から推し、鎌倉前期には頼豪の怨霊伝説の祖型ができ上がっていたことになろう。

それでは史実はどうなのか。まず敦文親王の死因だが、呪詛云々の確証はない。『水左記《すいさき》』(源俊房《としふさ》の日記)、『扶桑略記《ふそうりゃくき》』『栄花物語《えいがものがたり》』などの同時代史料では死因は痘(疱瘡)となっている。むろん、後世の『本朝皇胤紹運録《ほんちょうこういんじょううんろく》』には、親王の死を「頼豪阿闍梨《らいごうあじゃり》ノ悪霊ニ依ルナリ」としており、『愚管抄』や『平家物語』の説を踏襲する。

そして当の頼豪についても、その入滅は応徳《おうとく》元年(一〇八四)五月四日(『華頂要略《かちょうようりゃく》』)とあり、敦文の死後八年の後だった。憤死ではなく、仏前に「結跏趺坐《けっかふざ》」し寂滅《じゃくめつ》したと伝えられ(「寺門伝記補録」)、怨霊云々とは合致しない。そもそも『水左記』によれば、親王が死んだ承暦《じょうりゃく》元年(一〇七七)に頼豪は源俊房《としふさ》の子証観《しょうかん》に戒を授けている(十月二十四日条)。この点からも頼豪怨霊説はあやしい。

問題はかかる怨霊説がまことしやかに後世に一般化した理由だろう。寺門派園城寺にとって戒壇院の設立は悲願であり、頼豪もまたこの設立運動に関与した人物だったとされる。「戒壇」設立の奏請《そうせい》運動は、後朱雀《ごすざく》天皇の時代からはじまっている。後三条院《ごさんじょういん》のおり覚円《かくえん》・静園とともにこの頼豪も加わり、大きなうねりとなった。しかし、朝廷の勅許は得られず、かれらが「憂愁ヲ抱キ、蟄居シテ出ズ」との状態だったという(「寺門伝記補録」)。おそらくは、こうした事情が背景にあって、白河院の待望の親王夭折の件が加わり創出された話なのだろう。

伝説は時代とともに肥大化する。『平家物語』の異本の一つ『源平盛衰記《げんぺいせいすいき》』には、怨霊となった頼豪が山門(延暦寺)を滅ぼすために大鼠と化し、仏像や経論を食い破った。そのため、一社を建立し、崇め鎮撫したとある(「頼豪鼠と為る事」)。こうなると、頼豪の怨霊伝説は王家への祟りを離れ、ライバルたる延暦寺との対抗関係に置き換えられている。

ついでに言えば、近世江戸期には右の説話にさらなる加工がほどこされる。読本《よみほん》作家として知られた曲亭《きょくてい》(滝沢《たきざわ》)馬琴《ばきん》は『頼豪阿闍梨怪鼠伝《らいごうあじゃりかいそでん》』の中で、木曾義仲の子義高(志水冠者《しみずのかじゃ》、頼朝に入間河で殺された)が頼豪より妖鼠の術を授かり、粟津《あわづ》で父義仲を討ち取った石田為久《ためひさ》を箱根で待ち受けるストーリーを創作している。近世の頼豪伝は馬琴的世界ながら、悲劇の人義仲・義高の敵討ちの媒介役として登場する。中世での頼豪伝説が王権への復讐を意図する形でストーリー化している点と比べれば、隔たりは大きい。近世的世界では王権云々の問題は彼岸の関心事でしかなかったことになる。

再び史実にもどろう。敦文《あつふみ》親王の死後、第二皇子善仁《たるひと》（堀河天皇）が誕生した。『平家物語』ではこれを山門延暦寺の祈禱の勝利という形で説明する。その後、中宮賢子《けんし》が二十八歳で病

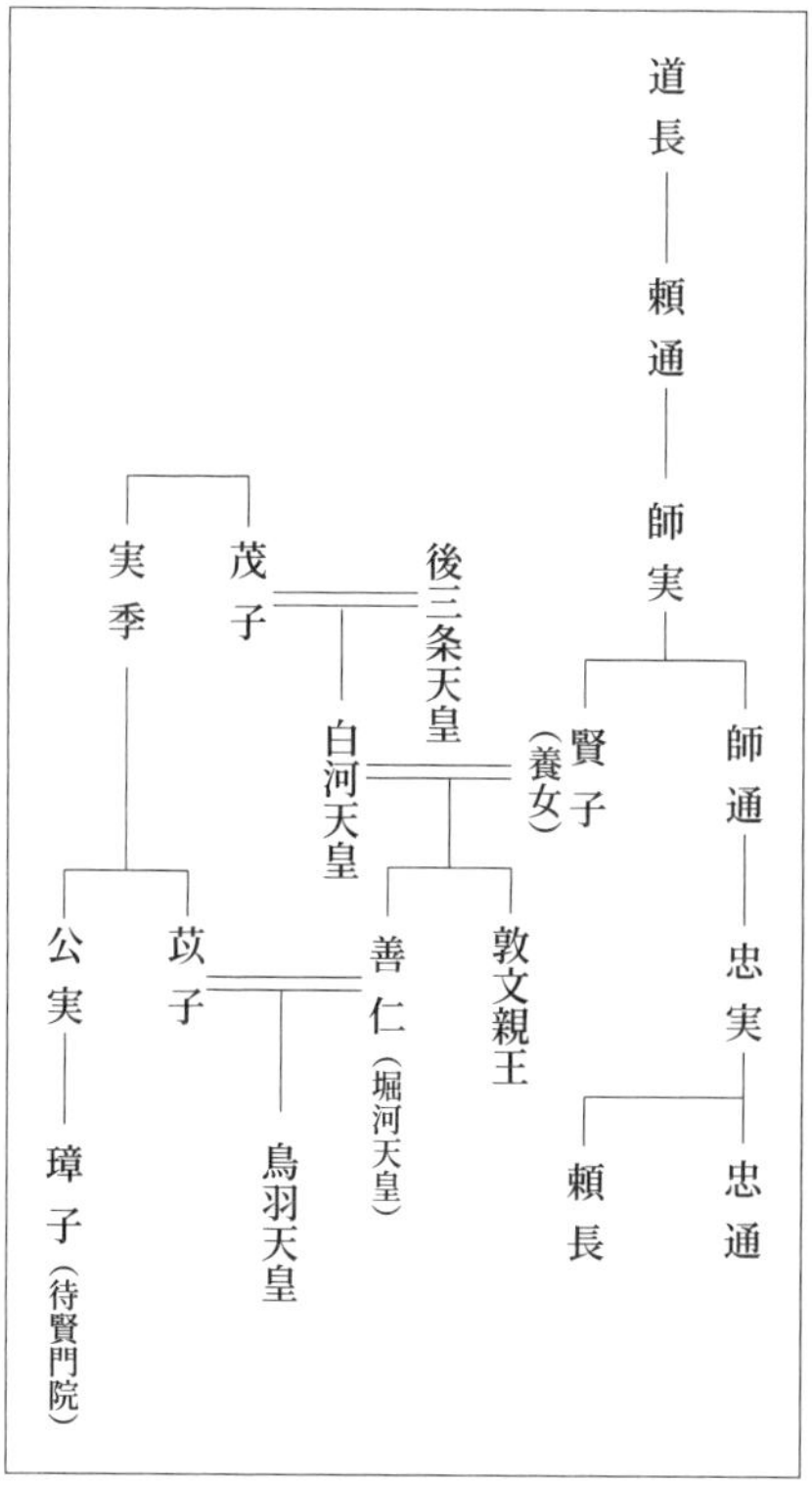

死し、白河天皇は譲位を考えたようだ。『扶桑略記』には「邪気所為」と伝えている（永保四年九月十五日）。すでに指摘したように賢子は師実の養女だが、実際は源顕房《あきふさ》の娘だった。顕房は兄の俊房とともに村上源氏の流れで、当時左右大臣の要職にあり、摂関家に対抗し得る力を保持していた。その点で賢子は藤氏と源氏の結合の証であったが、彼女の死はこの均衡を大きくくずすことにつながった。

当時東宮は弟の実仁《さねひと》（母源基子《きし》）だったが、この実仁も十五歳で疱瘡のため病没する。父後三条院の遺志では王統は白河院の弟輔仁《すけひと》に譲られるべきであったが、白河は輔仁親王をたてず、当時八歳の善仁親王を東宮として、自らは譲位しその日のうちに皇位（堀河天皇）につけた（応徳三年十一月二十六日）。

だが幼帝は病弱だった。後見となった白河上皇は摂関家（関白師実《もろざね》、内大臣師通《もろみち》）の外戚復活を阻止すべく、自分の同母妹篤子《あつこ》内親王を堀河の皇后にたてたのである。天皇十三歳、皇后三十二歳、叔母甥の近親婚だ。皇子誕生のないまま、上皇は藤原実季の娘苡子《いし》を女御にむかえ、ここに皇子の誕生が実現することになる。宗仁《むねひと》親王すなわち鳥羽天皇である。白河院（上皇）の執念が実を結んだというべきか。これにより当時、病弱の堀河にかわり、三宮（輔仁）待望論が頭をもたげていた状況を断ち切ることができた。父子間での王統移譲を前提とする院政はかくして定着する。

武威の呪力「辟邪」

白河院《しらかわいん》のあとを受けた堀河《ほりかわ》天皇も、同じく物怪に悩まされた。ここでも例の八幡太郎義家《はちまんたろうよしいえ》が登場する。『源威集《げんいしゅう》』には「鳴絃《めいげん》（弦）ノ儀」により、義家が堀河院に取り憑いた悪霊を退散させたことがしるされている。

御悩《ごのう》ノ間、祈療ヲ回《めぐら》サルト雖《いえど》モ、其ノ徴《しるし》ナシ、公卿僉議《くぎょうせんぎ》アリテ、義家朝臣ニ仰セ下サレ、武威《ぶい》ヲ以テ、加持アルベシト云々……

かくして勅命を受けた義家は、「鳴絃《めいげん》ノ威儀・秘説呪文」をほどこし物怪・御霊の撃退に成功する。右の作品は、南北朝期に源氏の勢威を語るためにつくられたという。義家以降足利《あしかが》尊氏《たかうじ》にいたる源家の諸将軍の武勇譚も見えており興味深い。この話の祖型は『平家物語《へいけものがたり》』にも見える。そこでも鳴絃（弦）の効能は同じだ。矢を弦《つる》につがえず、弦を引くことをいい、別に弦打《つるうち》ともいった。邪霊・悪霊を退散させるマジカルなパワーがそれだ。弦音で物怪を退散させ、邪気を払う役割が期待されたのであろう。

こうした武器が持つ呪力への関心は「辟邪《へきじゃ》」（魔除）のためにも重要視された。中国の道教的諸要素の混入もふくめ、平安期には王を守護すべく武士の役割が重視された。むろん、「逆反の物をしりぞけ、違勅の物をほろぼさんが為」に武士が期待されたとしても、悪神・鬼神・怨霊などのモノノケ（物怪）への対応にも、「武」の持った呪力的側面が期待された。いうまでもなく、モノ（物・鬼）とは、人間に害悪を与える霊的存在の総称だった。そのモノが人間に取り憑く場面は様々だった。出産・雷鳴・死穢《しえ》などだ。

ケ（気）は万物の活動を規定する根源とでも説明できるもので、モノがいろいろなきっかけで人に取り憑くと、そのケによって病や死がもたらされると人々は考えていた。これを阻止するための智恵、これがモノイミ（物忌）であったりハライ（祓）ということになる。取り憑いた物怪（モノノケ）を撃退する辟邪としての武の効用が期待されたことになる。これは弓矢以外の武器・武具にも適用できる。太刀にしろ鎧（甲冑）にしろ、武器の呪性が広く人々に浸透し始める、これがこの時代の特色だろう。

『今昔物語集《こんじゃくものがたりしゅう》』に載る幻術を志す若者が刀を懐に隠していたがために、これを伝授する老僧からうとまれ、術の取得に失敗する話（巻二十九）。あるいは、宿直のために上洛した侍が太刀を持っていたために物怪に襲われず、逆に油断して太刀も持たず居眠りをしていた侍が殺された話（巻二十七―十八）など、武器の効用を伝える逸話は少くない。とりわけ『今昔物語』所載の後者の説話には、物怪の撃退に太刀の有用性を知り、「時の人皆此の事を聞きて、大刀・刀を具しけりとなむ、語り伝えたるとや」と結び、「身に具すべき物」としての刀の意義を説いている。明らかに「辟邪」としての武の呪性が、広く社会に認知されていたことの証拠であり、右の説話はこれをふまえたものと解することができよう。

その意味では、『源平盛衰記《げんぺいせいすいき》』（剣巻）が語る源家相伝の太刀の霊験も右の諸点と通底しよう。ここでの妙味は霊威を有した鬚切《ひげきり》・膝丸《ひざまる》という二本の剣（太刀）が、満仲《よしなか》から頼朝《よりとも》まで伝えられるなかで、霊力を発揮し、源家の世の創出に寄与するというものだ。そこには頼光《よりみつ》もいれば、義家もさらには為義《ためよし》もそして義朝《よしとも》・義経《よしつね》も登場する。中世の鎌倉期に創られたこの説話は当然ながら、源氏の政権樹立を前提に解釈されている。前述の『源威集』ともども明らかに伝説の〝延び方〟は、滅亡した平氏一門のそれとは異なっている。この点を相殺したうえで、ストーリーの展開を読むならば、一層の醍醐味も伝わってこよう。

ここで注目したいのは、以下の流れだ。義家まで順調に相伝された二つの宝剣は、為義の時代に至り「剣の精」が失われ保元《ほうげん》の乱で敗北し、義朝もまた平治《へいじ》の乱で敗走する場面だ。

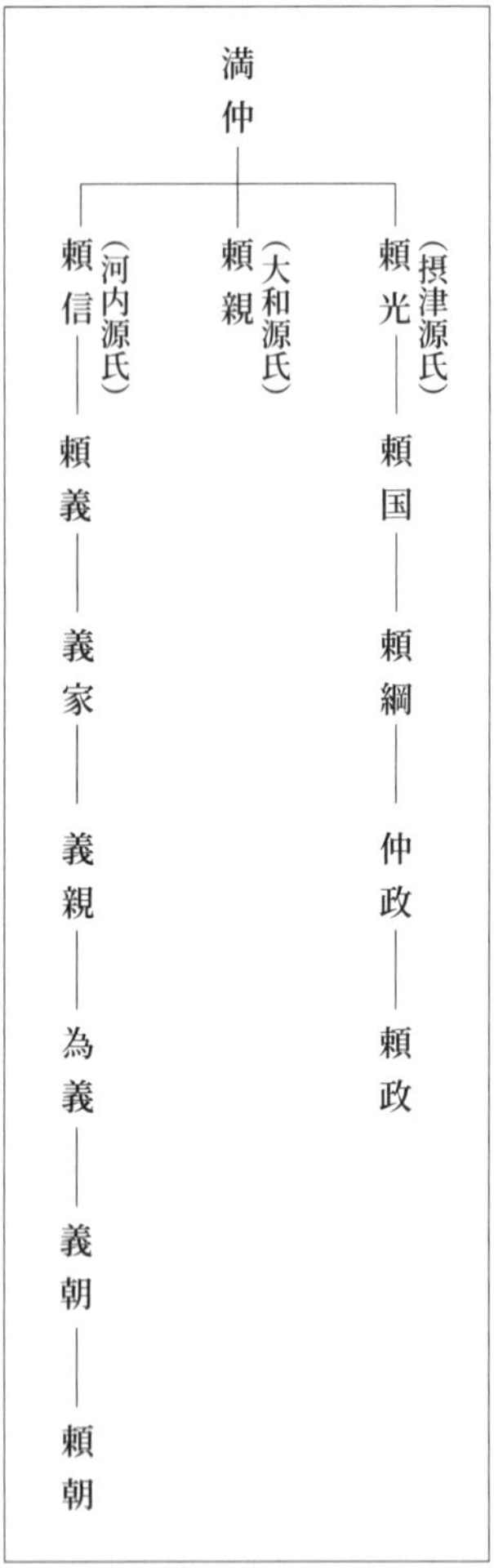

義朝は敗走の途中、所持した宝剣に語りかけ、次のような託宣を得る。「次第に名を附け替ふるに依りて、剣の精も弱きなり。ことさら友切といふ名を附けられて敵をば随へずして友切りとなりたるなり。保元に為義が斬られ、子ども皆滅ぼされしも友切といふ名の故なり」と。義朝が得た「剣の精」の示現により原名へと戻した結果、頼朝時代には天下を手中にし得た、というものだ。

いずれにしても、ここには源氏のサクセス・ストーリーが太刀の霊威とともども語られている。それにしても「剣巻」にあって、為義・義朝時代が〝負の画期〟と設定されている点はおもしろい。史実のうえでも保元・平治の両乱で源氏は没落するわけで、「剣巻」はこれを太刀の霊威に附会させた説話ということができる。

われわれは「武威」の呪力（霊威）という切り口で、院政時代の逸話をみてきた。怨霊云々では、前述の頼豪以上に大きなブロックとなるのが保元の乱の敗北者たちだ。有名な悪左府頼長《よりなが》、崇徳院《すとくいん》がそれだ。当然ながらそこには、右に指摘した為義もいた。以下ではこの保元合戦を材に、怨霊の問題に再び入ろう。

二　保元の乱と怨霊たち

悪左府頼長の登場

頼長《よりなが》ハ、彊毅《きょうき》、聡察《そうさつ》ニシテ、弁博《べんはく》ヲ以テ其ノ兄ヲ陵《しの》ギ、恒《つね》ニ之ヲ排陥《はいかん》セント欲ス、適々《たまたま》上皇、事ヲ挙グルノ機ニ投ジ……

（『大日本史・賛藪《さんそう》』巻三の上）

これは左大臣頼長《よりなが》の人となりを評した『大日本史』の一節だ。江戸時代の尺度からの寸評ながら興味深い。優等生すぎる人物だったという。強癖の主で聡明・能弁であり、兄の忠通を見下し、崇徳《すとく》上皇挙兵のおりに力をそえた、こんな意だろう。偏頗《へんぱ》なその性格から畏怖の念も加わってか、左大臣頼長は「悪左府《あくさふ》」とよばれた。「りひ《（理非）》めいさつ《（明察）》にして、善悪無二《むに》也」と『保元物語《ほうげんものがたり》』はその名の由来を記す。こうした頼長の描写が冒頭の『大日本史』にも反映しているようだ。そして慈円《じえん》も『愚管抄《ぐかんしょう》』で、「日本第一大学生。和漢ノ才《さい》ニトミテ、

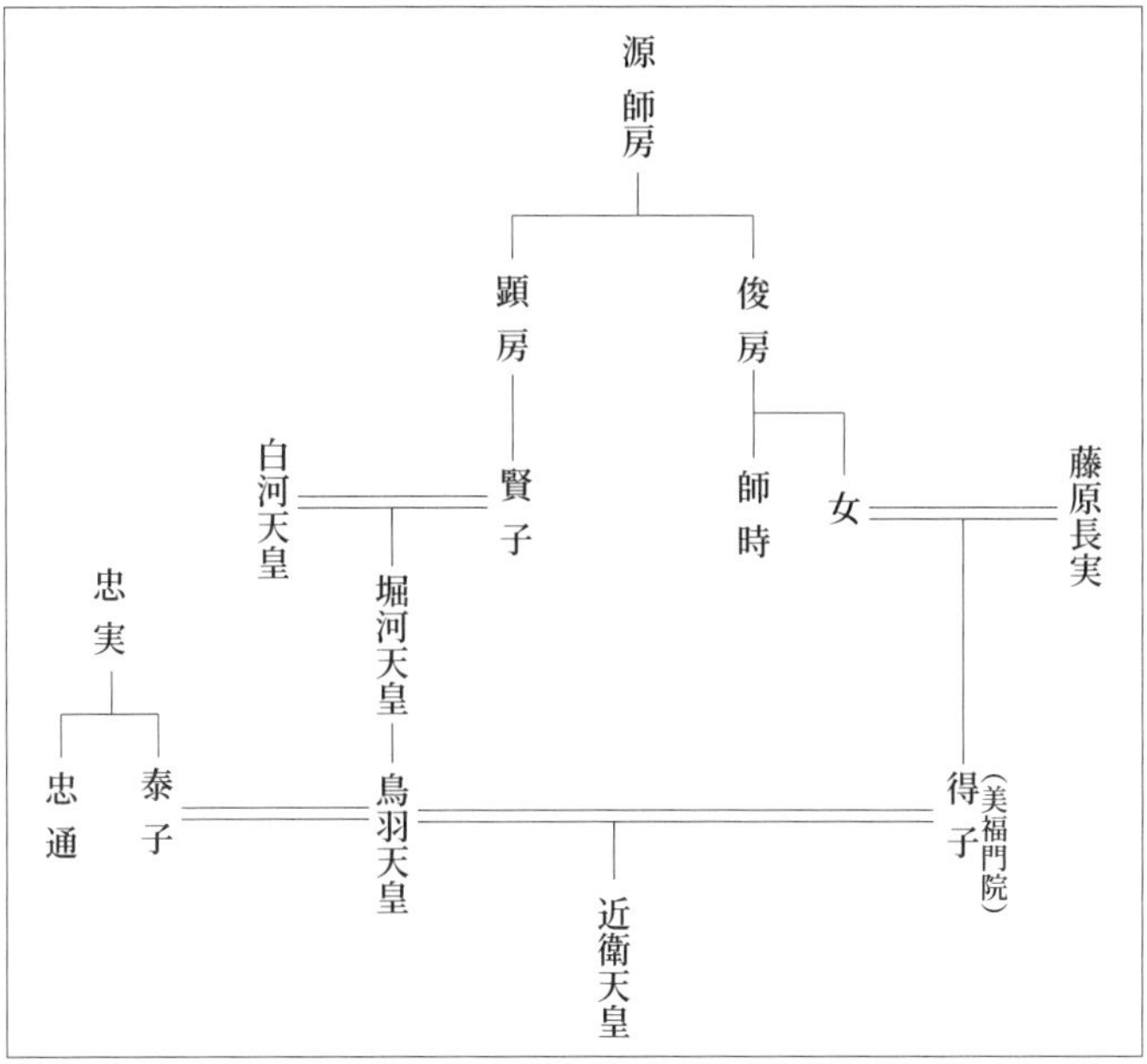

ハラアシク（腹悪）、ヨロヅ（万）ニキハドキ人ナリケル」と、評している。ともかく他者への峻厳《しゅんげん》さからくる畏敬の念が「悪左府」と呼ばれた一因だった。

その『愚管抄』によれば父の忠実《ただざね》はこの頼長を「最愛」したとある。これが兄忠通《ただみち》との確執にもつながった。摂関家サイドからの保元《ほうげん》の乱の因はここにあった。

そもそも忠実は白河院《しらかわいん》とソリが合わなかった。白河院は藤原公実《きんざね》の娘璋子《しょうし》を養女とし、忠実の嫡子忠通との結婚を約束していた。さらに忠実の娘泰子《たいし》に対し、鳥羽《とば》天皇への入内を命じたが、忠実はこれを拒ん

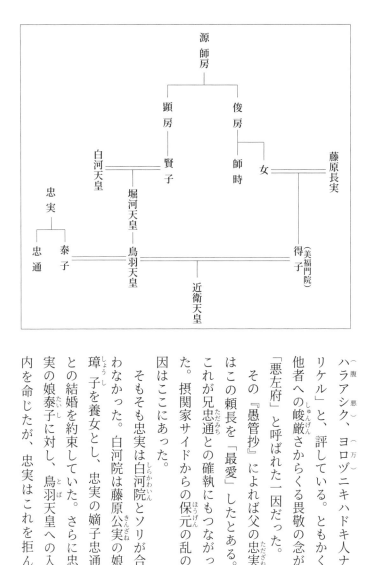

だ。怒った院は璋子と忠通との結婚を止め、璋子（待賢門院《たいけんもんいん》）を鳥羽に入内させ中宮としたという。右の事情は『愚管抄』に詳しく記すところだが、崇徳天皇はその璋子所生だった。それはともかく、右の一件もあり保安《ほうあん》二年（一一二一）忠実は院の意向で関白を罷免され、忠通がこれにかわることとなった。

忠実は白河院が没するまでの十年間を宇治に籠居する。忠実が政界復帰をはたすのは、次の鳥羽院政の時代だった。白河上皇存命中、何かと押さえつけられていた鳥羽院は、自己が執政の座につくと、忠実の引き立てをはかるなど、アンチ白河院の路線を推進した。長承《ちょうしょう》元年（一一三二）には、かつて白河院が遺言とした忠実の娘の泰子入内の禁を破り、彼女を鳥羽院の后とした。その泰子（高陽院《かやのいん》）との間には年齢差もあり皇子の誕生はなかった。しかし泰子立后の時期に鳥羽院の寵愛をうけた美福門院得子《びふくもんいんとくし》との間には、保延《ほうえん》五年（一一三九）に皇子躰仁《なりひと》親王（近衛《このえ》天皇）が誕生する。

頼長の怨霊

すでにふれたが鳥羽院《とばいん》は嫡子の崇徳《すとく》天皇を退位させ、近衛《このえ》の即位を実現させた。当時摂関家では忠実《ただざね》の政界復帰にともない、その後援もあって頼長《よりなが》が権勢を強めていた。当然、彼は天皇の外祖父としての途を考えた。藤原公能《きんよし》の娘多子《たし》を養女とした頼長は、院に入内の件を要請、内諾《ないだく》を与えられたという（『台記《たいき》』康治元年八月九日条）。こうしたなかで天皇の元服を期し、入内の件が具体化した。天皇十二歳、多子十一歳であった。

他方、生母得子《とくし》は内心穏やかならずとして、藤原伊通《これみち》の娘呈子《ていし》を忠通《ただみち》の養女にし、入内させた。この頼長と美福門院《びふくもんいん》得子との近衛天皇への入内争いは、忠通もからみ、摂関家内部での兄弟の対立を生み出すことになった。

当時、忠通は関白、頼長は左大臣・内覧の地位にあった。その後、皇子誕生なきまま近衛天皇は十七歳で没する。ここで後継問題が浮上した。候補はともに美福門院の養子となっていた重仁《しげひと》親王（父は崇徳）、そして守仁《もりひと》親王（父は雅仁）の二人だったが、一時的に雅仁が即位することで決着をみた。ただし雅仁については本命の守仁（二条天皇）への中継とされた。

かくして後白河《ごしらかわ》天皇が誕生する。新帝後白河はその意味では臨時のリリーフにすぎなかった。後白河天皇誕生の仕懸人の一人が有名な信西《しんぜい》入道（藤原通憲《みちのり》）とされる。彼は鳥羽院時代に頭角をあらわし、その妻朝子《ちょうし》（紀伊局）が後白河天皇の乳母であった関係で、その権勢は急速に拡大する。

当の頼長については、近衛天皇没後の前後から強運にも陰りが見えはじめる。一つはその妻は久寿《きゅうじゅ》二年（一一五五）六月病没したが、近衛帝の崩御は翌七月のことで、後白河天皇の即位は、頼長が喪中のおりのことだった。頼長の影響力行使以前に、事が決した形だった。それもライバルで彼が「諸大夫の女《むすめ》」（『台記』天元年正月一日条）として軽蔑していた美福門院の力が左右した。第二に致命的ともいえる噂が伝えられる。近衛天皇呪詛にまつわる一件だ。頼長の日記『台記』はこの間の事情を以下のごとくしるしている。

先帝（近衛天皇）ノ崩後、人、帝ヲ巫《み》ノ口ニ寄セ、巫曰ク「先年、人、朕ヲ詛《のろ》ワンガタメ、釘ヲ愛宕《あたご》護山ノ天公像ノ目ニ打ツ、故ニ朕が目、明カズ」ト。法皇ソノ事ヲ聞コシ食《め》シ、人ヲシテ件ノ像ヲ見セシム、既ニソノ釘アリ……美福門院及ビ関白（忠通）、入道（忠実）及ビ左大臣（頼長）ノ所為ヲ疑フ、法皇コレヲ悪ム（後略）

（原漢文　久寿二年八月二十七日条）

近衛天皇の眼病が忠実・頼長父子の呪詛によるものであり、これを美福門院・忠通から聞かされ、鳥羽法皇がかれらを憎んだことが記されている。忠通サイドからの仕掛の臭いもあるが、後世、頼長の近衛呪詛の話は広められ、『古事談《こじだん》』などの説話類などにも載せられるに至った。

　四面楚歌のなかで、頼長は崇徳院との共同戦線が芽生える。保元《ほうげん》合戦の経過は別にゆずるとして、結局は強腕の持ち主頼長も宇治への敗走途上、首骨に矢を射られ死去したとされる。合戦後、遺骸が掘り起こされたというが、その不運と悲惨な最期から崇徳院ともども怨霊として恐れられることになる。相つぐ世情不安は、これを現実のものとしたようだ。

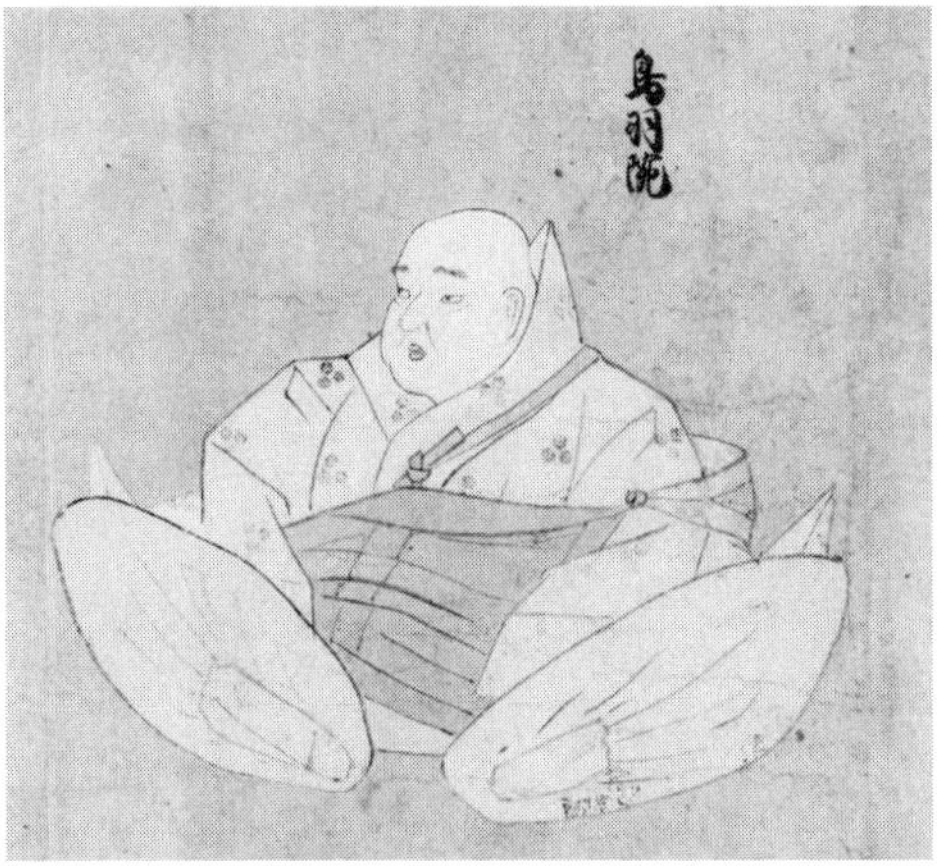

鳥羽院（「天子摂関御影」皇居三の丸尚蔵館蔵）

　保元の乱後、永暦《えいりゃく》元年（一一六〇）には美福門院が、応保《おうほう》二年（一一六二）には清盛の子基盛《もともり》および藤原忠実（頼長は父を頼って宇治に赴くが、忠実は難をおそれ拒絶した）が、さらに長寛《ちょうかん》二年（一一六四）には忠通が、そして永万《えいまん》元年（一一六五）には二条《にじょう》天皇、その翌年には忠通の長子基《もと》実《ざね》が相ついで死去した。

　特に基盛については、大和守の在任中、宇治川で水練《すいれん》のおり水死した。そのため基盛がある女房の夢に出てきて、「我思ひがけず宇治左大臣頼長の為にとられ河の底に沈みぬ」（『源平盛衰記』）と、語ったという。頼長が父忠実の拠所宇治へと逃れる途上に敗北したことに加えて、その所領が宇治に散在していたことが、基盛の宇治川での水難の事故を、怨霊に引きつける素地となったようだ。

こうした事態は怨霊の祟りとして恐れられ、朝廷側もやがて安元《あんげん》三年（一一七七）七月、崇徳院の号を奉り、頼長には太政大臣正一位《しょういちい》を贈り、翌月には治承《じしょう》と改元するに至った。

以上、頼長をとりまく政争の事情について怨霊問題をからませつつ略述した。

三　崇徳院と魔道

「新院御謀反」

『帝王編年記《ていおうへんねんき》』には保元《ほうげん》合戦の顛末を以下のごとく記している。

保元元年七月二日……法皇、鳥羽《とば》殿ニ崩御《ほうぎょ》ス、御年《おんとし》五十四、……鳥羽院ト号ス、左大臣頼長《よりなが》以下月卿雲客、武士入道六条判官為義《ろくじょうほうがんためよし》、同子息頼賢《よりかた》、頼仲《よりなか》、為朝《ためとも》、多田蔵人大夫頼憲《よりのり》、平忠正《ただまさ》、同家弘已下源平両家ノ輩《ともがら》、院ニ参ル、爰《ここ》ニ法性寺関白(忠通)已下大臣、武士大《だい》弐清盛《にきよもり》、左馬頭義朝《さまのかみよしとも》已下、内裏高松殿《たかまつどの》ニ候《コウ》ズ、同十一日、新院、白河御所ニ於テ、官軍ト合戦ノ事アリ、院ナラビニ左大臣頼長、馬ニ乗リ逃ゲ去ル、御所ニ於テ焼払セラレ訖《おわん》ヌ、左府、流矢ニ中《あた》リ、大和国方《くにがた》ニ赴クノ間、薨去《こうきょ》ス、……翌日十二日、新院、仁和寺《にんなじ》ニ於テ御出家年三十八、同二十三日、新院、……讃岐国ニ移シ奉ル、(原漢文)

以上が乱の骨子だ。まことにあっけなかった。乱の経過も含め、種々の人間模様については『保元物語《ほうげんものがたり》』にゆずる。ただし、最低限の事実関係だけは、ここに解説しておこう。怨霊問題の中心となる崇徳院《すとくいん》に焦点を絞り語っておく。

顕仁《あきひと》＝崇徳院は鳥羽天皇の第一皇子、白河院《しらかわいん》の強い意志で父鳥羽天皇が退位したのを受け、保安《ほうあん》四年（一一二三）五歳で即位した。その後二十二歳のおり、鳥羽院の要請で弟の近衛天皇に譲位した。退位後も息子の重仁《しげひと》親王の即位を期待するが、久寿《きゅうじゅ》二年（一一五五）、後白河《ごしらかわ》天皇の即位でこの望みが断たれた。翌保元元年七月、鳥羽上皇の死を契機に不満が爆発、当時兄忠通《ただみち》と対立していた左大臣頼長と手を結び挙兵した。事典風に語るとこんなところか。

ところで、冒頭引用した『帝王編年記』の一節は、この挙兵以後の戦乱の行方が示されている。後白河天皇側の官軍に比べ、上皇側の軍兵は少なく、戦略・戦術上の対立もあり敗北する。かくして新院崇徳上皇は如意岳《にょいがたけ》山中から弟の覚性法親王《かくしょうほっしんのう》をたより仁和寺《にんなじ》に入り、捕えられ讃岐へと配流された。その後八年の配所暮らしで悲憤のうちに、四十六歳の生涯をおえる。

ちなみに崇徳の生母は藤原公実《きんざね》の娘待賢門院璋子《たいけんもんいんしょうし》だったが、曾祖父の白河院と璋子の密通で誕生したとうわさされていた。鳥羽院はそのため崇徳をうとんじていたという。このあた

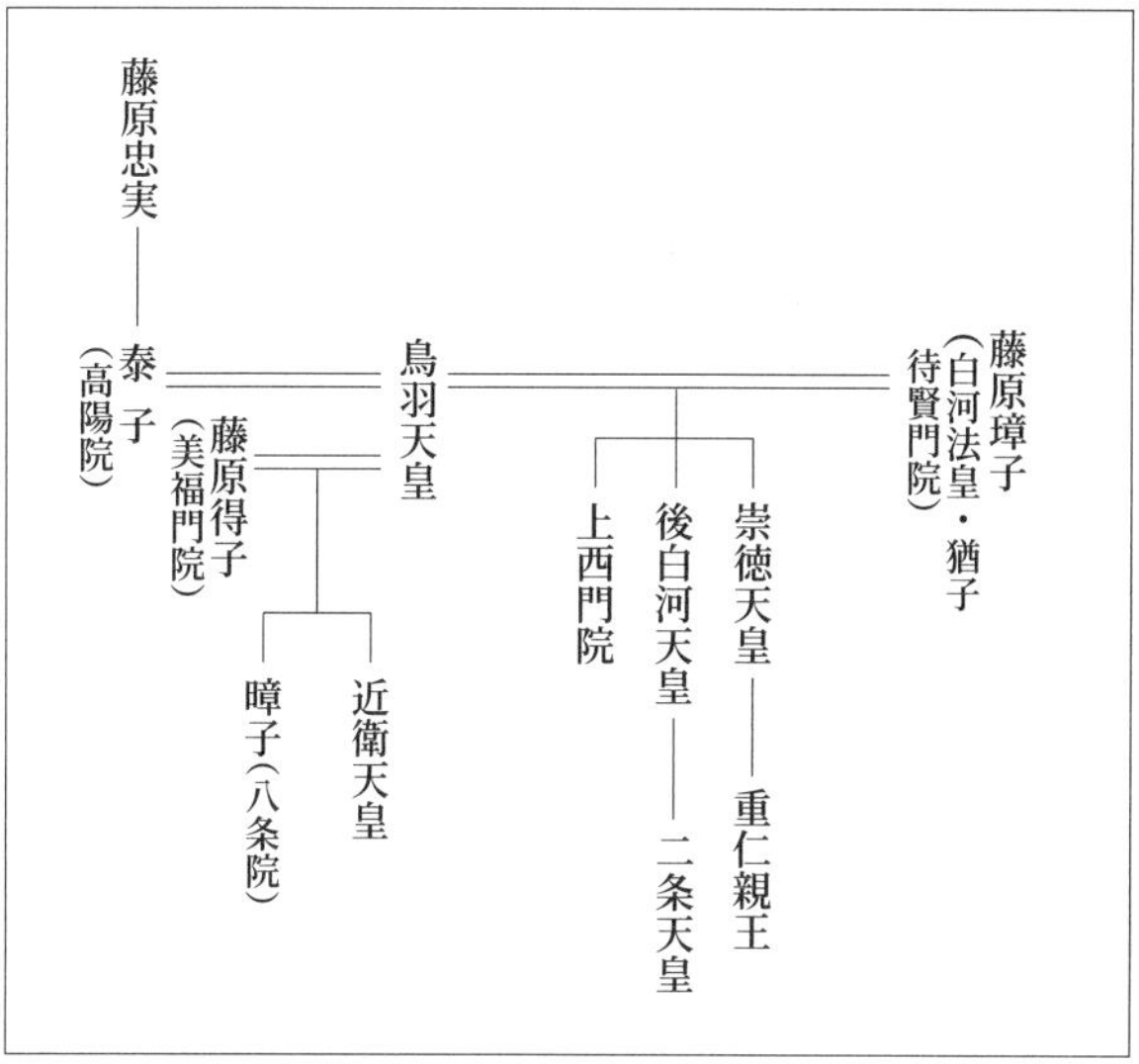

りは『古事談《こじだん》』などをはじめ、後世の種々の史料にも散見する。鳥羽・崇徳父子の対立は、鳥羽院の妃美福門院得子《びふくもんいんとくし》の存在で激しさをます。鳥羽院は得子が生んだ近衛天皇を即位させるべく、崇徳天皇を退位させた。その近衛天皇も久寿二年十七歳で早世する。生母得子は崇徳院の呪詛《じゅそ》を疑い、関白藤原忠通とはかり、後白河天皇の即位が実現する。この点はすでにふれた。

以上のような予備知識をもって、鳥羽院崩御直後に勃発した保元の乱の経過を『兵《へい》範記《はんき》』を参考にしながらトレースしておく。

乱の経過――『兵範記』より

保元《ほうげん》元（一一五六）年六月二十一日夕刻、鳥羽《とば》法皇が危篤となった。「晩頭、京中騒動ス、一院已ニ危急ノ由ナリ」（『兵範記』）と伝える。そして七月二日の申刻（午後四時）鳥羽殿で逝去した。これより一ヶ月前の六月一日には源義朝《よしとも》らに内裏（高松殿《たかまつどの》）や鳥羽殿の守護を鳥羽法皇は命じていた。「法皇崩後、上皇（崇徳《すとく》）・左府（頼長）同心シテ軍ヲ発シ、国家ヲ傾キ奉ラント欲ス、ソノ儀風聞」（同七月五日条）の用心によったという。法皇は自身の死後、起こるであろうキナ臭い状況を察知していたようだ。

ともかく鳥羽院の葬儀は、その遺詔で即日（二日）なされ、京中厳戒体制がしかれた。動きはまず後白河《ごしらかわ》天皇側からはじまった。七月五日、勅により検非違使《けびいし》が召集され、平基盛《もともり》・源義康《よしやす》が応じた。翌六日には基盛が東山法住寺辺で、源親治《ちかはる》（大和源氏）を捕えた。『兵範記《へいはんき》』によればこの親治の逮捕は、宇治の頼長が大和より親治をまねき、都に潜ませていた疑いによるとのことだ。

八日には忠実《ただざね》および頼長《よりなが》の軍兵催促を停止する旨の御教書が諸国に発せられた。こうした情況のなかで、翌九日には崇徳院が白河殿に軍兵を集めはじめる。そして十日夕刻、それまで宇治にいた頼長はついに白河殿に入り、崇徳院と合流した。前日の八日に父の忠実から伝領された東三条《ひがしさんじょう》殿が没収されており、こうした天皇側からの挑発行為が崇徳院との連合につながったようだ。

加えて押収された東三条殿の邸内には宇治平等院の供僧勝尊《しょうそん》がおり、秘法を修していたという。同記にはその秘法の子細について「筆端ニ尽クシ難シ」と筆をにごすが、このあたりは『保元物語《ほうげんものがたり》』などには「朝家呪詛」とあり、あるいはこれが本当かもしれない。ただし、呪詛云々も仕掛けられた挑発の可能性も否定できないが、ともかく頼長・崇徳上皇側が追い

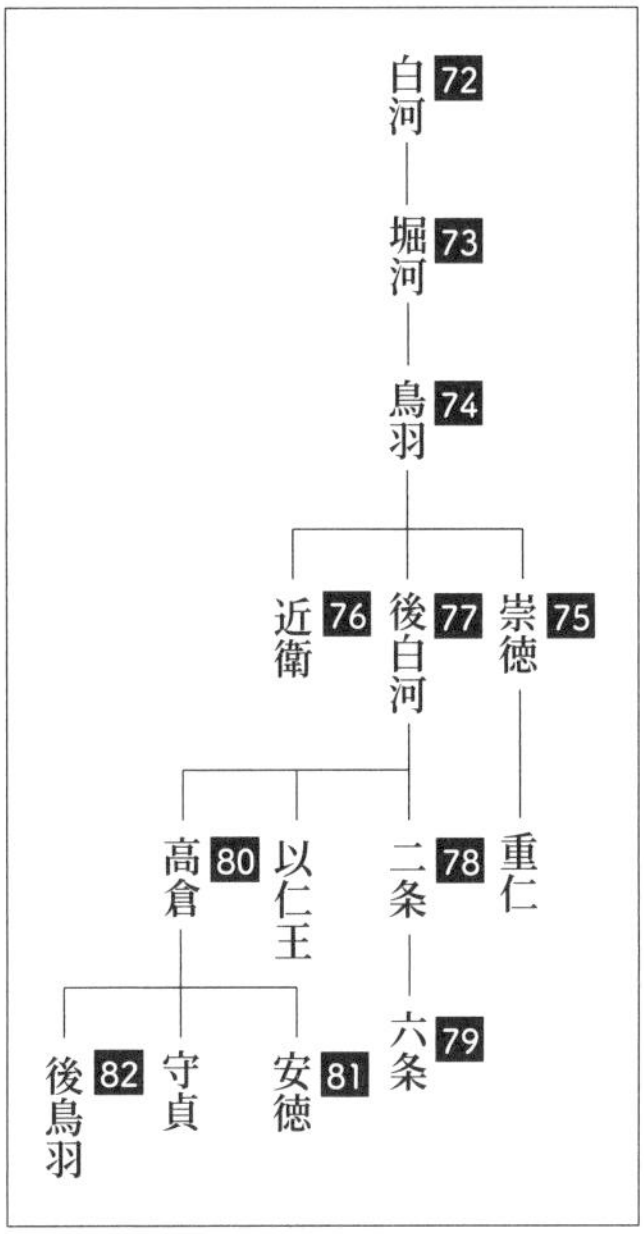

つめられていたことは確かだ。

上皇側の主要戦力は河内源氏の為義《ためよし》の一党だった。「前大夫尉源為義、前左衛門尉同頼賢《よりかた》、八郎同為知《ためとも》（朝）、九郎冠者等引率シテ初参《ういざん》ス、頃年以来、故院（鳥羽院）の責ニヨリ、各籠居ス、今コノ時ニアタリ、懇切ニ召シ出サルル也」（同七月十日条）と見える。為義は子の為朝が二年前の久寿元年、鎮西で乱行したため解官されていた。この時すでに六十一歳の高齢をおしての参陣だった。

この時期源氏一門にあっては、義朝・義平《よしひら》と義賢《よしかた》・頼賢との対立があり、さらに天皇側に参じた長子義朝は父為義との不仲がささやかれていた。

上皇側の右の動きに天皇方もいち早く対応、清盛《きよもり》や義朝の有力武士が高松殿に参集し、その勢は「雲霞《うんか》ノ如シ」（同七月十日条）といわれた。

この事態が来ることを予想していたかのような周到さで、合戦の火ぶたは切られた。この時、上皇側では劣勢をカバーすべく為義や為朝《ためとも》が奇襲作戦を打診するが、頼長に一蹴されたという。これと対照的なのが義朝に白河殿夜討作戦を一任した信西《しんぜい》を参謀とする天皇方だ。ともかく十一日の鶏鳴とともに、六百余騎が白河殿に先制攻撃をかけ、数時間で雌雄が決せられた。合戦の経過をふくめたその後の話はすべて『保元物語』に任せたい。

『帝王編年記《ていおうへんねんき》』などの当時の日記史料を参じながら肉づけすると、保元合戦に至る事情は右のようになろうか。かくして保元の乱は「新院御謀反」（『保元物語』）という形で終了した。この「大乱」で「武者ノ世」が到来し、これと裏腹に王家そして摂関家の威光が衰退した。

そしてその衰退は一人摂関のみではなく、広く日本国の衰運につながったとの慈円《じえん》の認識もそれなりの理由があることだった。その最たるものが新院の配流という、未曾有の出来事だった。

崇徳院（「天子摂関御影」皇居三の丸尚蔵館蔵）

「日本国の大魔縁」

保元《ほうげん》の乱はあらゆる意味で画期とされる。ここには新院崇徳《すとく》の悲憤も、悪左府頼長《よりなが》の激昂《げっこう》も、さらには六条判官為義《ためよし》の無念も、すべてが歴史のうねりに同化させた。いささか文学めいた表現だが、こうした言い方も許されるほどの画期だった。嵯峨《さが》天皇の薬子《くすこ》の変以降、絶えて久しかった刑死が復活したのもそうだ。都が戦場と化すこと、これまた前代未聞の出来事だった。そして王統分裂の危機が武力＝合戦という手段で解決されたことも大きかった。武の自己主張ともいうべき事態、これこそが「武者ノ世」の到来だった。

そして、その極みはやはり新院崇徳の讃岐《さぬき》への配流だろう。「望郷の鬼」と化した崇徳院は『保元物語《ほうげんものがたり》』のなかで、次のように語る。「嵯峨天皇の御時、平城《へいぜい》の先帝世を乱給《みだしたまい》しかども、則出家し給ひしかば、遠流迄《おんるまで》はなかりしぞ」と。この「からき罪」への悲憤、これが崇徳院を「望郷の鬼」とさせた原点だろう。こうしたなかで悲憤はさらに怨念へと変化する。仏道に専心する崇徳院に対し、信西《しんぜい》入道や後白河院による恩赦の途絶は大きかった。

亡父鳥羽《とば》院の菩提を弔うべく都に送った五部の経典は拒否された。かくして「日本国の大《だい》魔縁《まえん》となり、皇を取て民となし、民を皇となさん」と語り、舌先を食いちぎり、流血をもって神仏に誓状をしたためる描写は、幽鬼迫まるものがある。「さしも御意趣深かりし故にや、焼上奉烟《けむり》の末も都をさして靡《たなびき》けるこそ怖けれ」。遺骸の煙はその怨念の故か都のほうになびいたとされ、柩《ひつぎ》からこぼれ出た血が安置した台を赤く染めたという。

その崇徳院は「日本国の大魔縁」として、「皇」と「民」との入れ換え望んだ。そこに〝革命〟意思が投影されていた。自らが魔道にあって、現世の秩序をひっくり返すこと、これが崇徳院の魂のカタルシス（浄化）だった。そしてこの予言はやがて現実のものとなる。治承《じしょう》元年（一一七七）七月二十五日、朝廷は讃岐院にかわり崇徳院の院号を贈り、頼長を贈位し正一位とした。

これは「天下静カナラズ、彼ノ怨霊ニ依ルナリ」（『百錬抄』）との理由によっていた。この時期、治承・寿永《じゅえい》の内乱の予兆がはじまっていた。「皇を取って民となし、民を皇となさん」との大変革がはじまろうとしていた。むろん『保元物語』の作者が後世の歴史の流れに付会させたものと承知のうえでの話だが、興味深いものがある。おもしろいということでは、崇徳院の怨霊譚は当時の日記にも指摘されている。『吉記《きっき》』（吉田経房《つねふさ》の日記）の寿永二年（一一八三）七月十六日条にも見える。

崇徳院《すとくいん》、讃岐ニ於テ、御自筆血ヲ以テ、五部ノ大乗経ヲ書カシメ給フ。件ノ経奥、……天下ヲ滅亡スベキノ趣、注シ置カル（原漢文）

この文につづけて「怨霊」の沈静のため、崇徳院の建立にかかる成勝寺《じょうしょうじ》の供養の旨も見える。いずれにしても内乱期の世上騒然のおり、崇徳院が怨霊として登場していることは注

西行法師（「後小松院本歌仙絵」東京国立博物館所蔵、ColBase《https　colbase.nich.go.jp》）

目される。ちなみに亡魂の鎮撫云々との関連でいえば、西行《さいぎょう》もまたこの讃岐の配所を訪れ、亡き崇徳院の霊と対面している。西国遍路行脚《あんぎゃ》のおりの仁安《にんあん》三年（一一六八）秋のころだとする。崇徳院の没後四年のことだ。

『保元物語』はその西行を崇徳院の霊魂に対面させることで完とした。かつて紀貫之《きのつらゆき》が『古今集《こきんしゅう》』の序にしたためた「鬼神をも、あはれとおもはせ」「たけきもののふのこころをも、なぐさむる」、そんな効用に満ちた詠歌の力で、西行は崇徳院の霊と対面したのかもしれない。

みがかれし　玉の墓《うてな》をつゆふかき　野辺にうつして　みるぞかなしき

白峰御陵（wikkimedia,Reggaeman,CC BY-SA 3.0 https://commons.wikimedia.org/wiki/File:Sutokutenno_Shiraminegoryo_01.JPG）

近世江戸期になると崇徳院の怨霊伝説は文学作品にも吸収される。有名な上田秋成《うえだあきなり》の『雨月《うげつ》物語《ものがたり》』（安永五年刊）巻頭の「白峰」は、讃岐で没した新院の陵墓がつくられた場に由来するもので、ここを訪れた西行に院の亡霊が悲憤を語る情景が語られている。この『雨月物語』もそうだろうし、すでにふれた滝沢馬琴の『頼豪阿《らいごうあ》闍梨怪鼠伝《じゃりかいそでん》』でもそうだが、江戸期は中世に伝説化した怨霊に血をかよわせ、復活させた時代ともいえる。敗者の復活が文学という場で庶民の世界に降り立つ時代となる。中世に形成された伝説が『平家物語』あるいは『太平記《たいへいき》』のなかで肉付けされ、時代とともに〝変圧〟が加えられ、新しい作品として転生することになる。

それはともかくとして、崇徳院の怨霊は平安末期を代表するものだろう。平安の前期が菅原道真だとすれば、その対比は明らかだろう。王胤か人臣かの相違はあるものの、「王威」への深刻さは甚大だった。崇徳院の死後、延暦寺《えんりゃくじ》衆徒の強訴、二条《にじょう》天皇の死去、飢餓、大火いずれもがこの崇徳院の、あるいは頼長の怨霊とされた。

教盛の夢、怨霊封印

『源平盛衰記《げんぺいせいすいき》』での、平教盛《のりもり》(清盛の弟)の夢にも、この崇徳院《すとくいん》の怨霊が登場する。為義《ためよし》・平忠正《ただまさ》など保元《ほうげん》合戦の敗者たちが怨霊として復活し、教盛の夢に登場するストーリーだ。そして、鎌倉・南北朝期には、崇徳院の怨霊は説話仕立ての世界で完全に一人歩きする。以下では、この教盛の夢の中身をみることで、王朝末期の人々の意識・観念に接近しよう。崇徳院への追号・頼長への贈位など怨霊の慰撫がなされた以後も、「怨霊なほ静まり給はざりける」状況にあった。教盛の夢はそうした状況下でのことだ。

数百騎からなるその軍勢の様子は、「柿の衣に不動袈裟《ふどうげさ》」「鵄兜に鎧着《とびかぶと》」というものだった。山伏の姿は天狗姿を暗示する。教盛の夢に登場する新院は「足手の御爪長々と生ひ、御髪は空様《そらざま》に生ひて、銀の針を立てるが如し」だったという。かれら亡魂の主たちが参集しつつ、

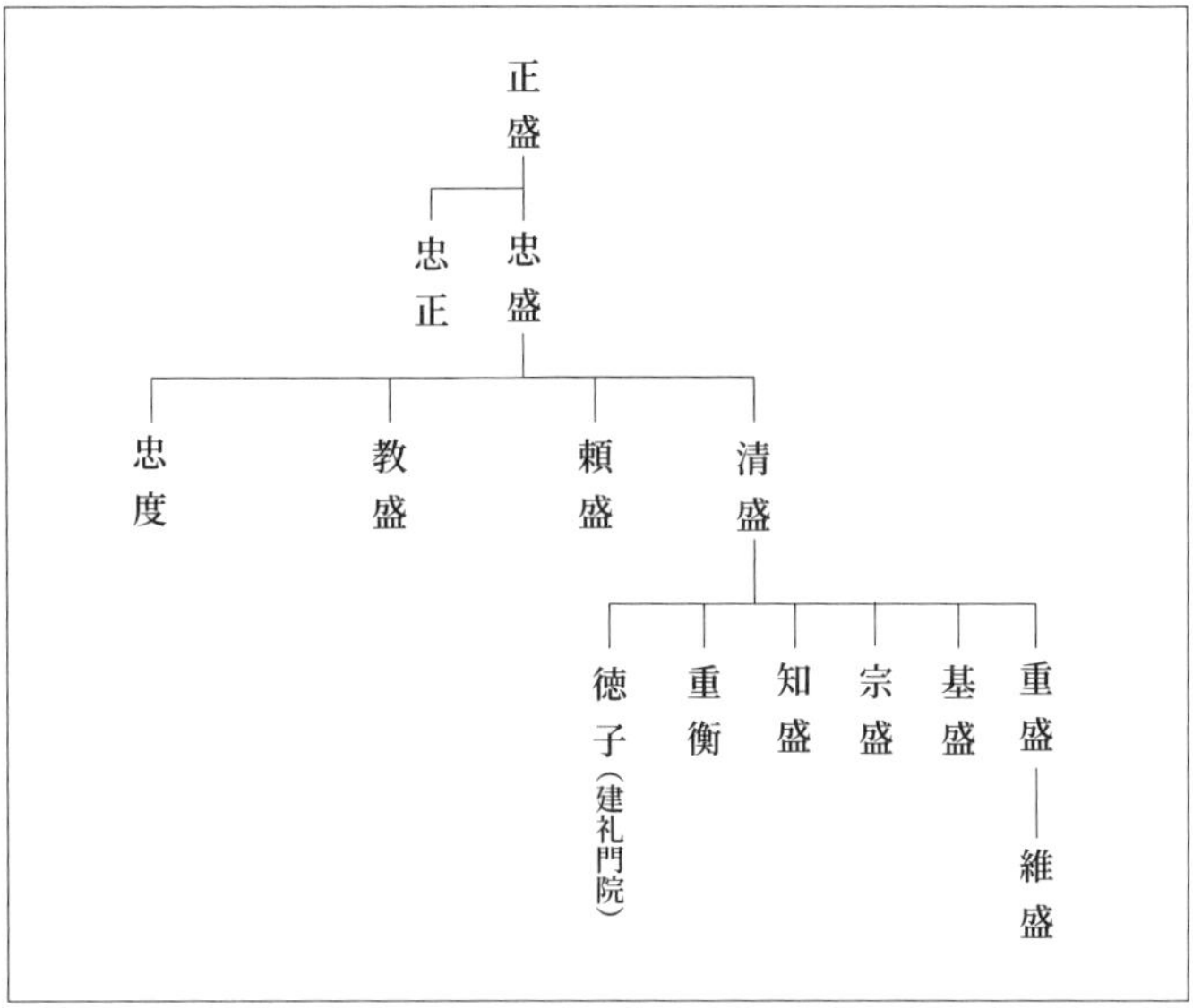

かわした会話は次のようなものだった。

為義　西国から遥々《はるばる》と院をお連れしたが、これからどこに進《まい》らせたらよいだろうか。

忠正　案ずるに及ぶまい。法皇（御白河院）の御所である法住寺《ほうじゅうじ》がよいであろうよ。

為義　それは難しいはずだ。院の御所は天台座主《ざす》が御修法《みしほ》をおこない不動・大《だい》威徳《いとく》の法が門を守護しており、たやすくは入ることができまいぞ。

新院　御所となるべき場所がなければ、太政入道（清盛）の宿所に入ろう。

と、こんな会話がなされ、かくして忠

正が前輿《まえこし》、為義が後輿につきしたがい院を守護し、数百騎の者たちが西八条の清盛邸《きよもり》にむかう。

ここで教盛の夢は終わる。が、どうしてもこの夢が気になった教盛は、清盛のところにむかい子細を報じることになる。そこでの清盛の態度がおもしろい。『源平盛衰記』が怨霊の話題を右のようなストーリーでしたためた真の目的は、教盛の夢に対する清盛の態度を語ることにあったのだろう。「入道はさる片顔なしの人にて、更に用ひ給はざりける上、げにも怨霊の能く入り替り給ひたりけるにや、うつつ心もなく物狂しくして、天下を乱り臣下を悩ます」と語り、全く意に介さぬ様子だったとある。

ここには迷信から解放され、〝現実の力〟を信ずる清盛の姿が描写されている。他人の行動を気にかけない清盛は怨霊さえも信じない〝力の人〟として描かれている。〝武〟に裏打された〝力〟こそが清盛の、そして平家一門の源泉ということになろう。ここには、説話的世界ながら、あの崇徳院の怨霊さえもが〝封印〟されているのだ。

それにしても、当初は後白河院の法住寺を目ざした怨霊たちが、不動明王や大威徳明王《だいいとくみょうおう》の呪法（法威）を避けているあたりは、おかしみがある。かれらは、朝廷により付与された追号（崇徳院）や贈位（頼長の正一位）では、圧服されぬ存在ということになる。道真以来の怨霊跋扈の状況は、王権への挑戦という形で貴族たちを悩ませてきた。広くいえば武力を有した武家の世界も、この怨霊の呪縛から完全に自由であったわけではない。ただし、たとえ個のレベルではあれ、清盛に象徴されるような「武威」を前面に押し出す人物が、登場したことは注目されねばなるまい。

四　内乱期、跋扈する怨霊たち

鹿ヶ谷政変と藤原成親の死霊

教盛《のりもり》が登場したので、怨霊問題にリンクできる話をもう一つ挙げておく。鹿ヶ谷《ししがたに》の変《へん》での藤原成親《なりちか》である。成親もまた死霊なり怨霊となる。その子息成経《なりつね》は前述の教盛の娘婿だった。『平家物語《へいけものがたり》』には小松内府重盛《こまつのないふしげもり》（妻は成親の妹）とともに、教盛もこの成親・成経父子の助命に尽力している。成親に関しては、その父家成《いえなり》が鳥羽院の近臣であり、息子の成親や師光《もろみつ》（西《さい》光法師《こうほうし》）も後白河院近臣として大いに力を有した。

清盛《きよもり》も十四、五歳のころまで、この家成のもとに出入りしていたことがあり、この一族とは親密だった。清盛が政界に進出するには院近臣たる家成や成親との人脈が大きな布石となった。だが平治《へいじ》の乱以後に勢力を拡大した清盛一族は、院および近臣との反目を深めていった。治承《じしょう》元年（一一七七）の鹿ヶ谷陰謀事件は、平氏一門への反発によるクーデター未遂事件とされている。

院近臣の藤原成親・西光・平康頼《やすより》らが法勝寺《ほっしょうじ》の僧俊寛《しゅんかん》と語らい、東山の鹿ヶ谷にある山荘

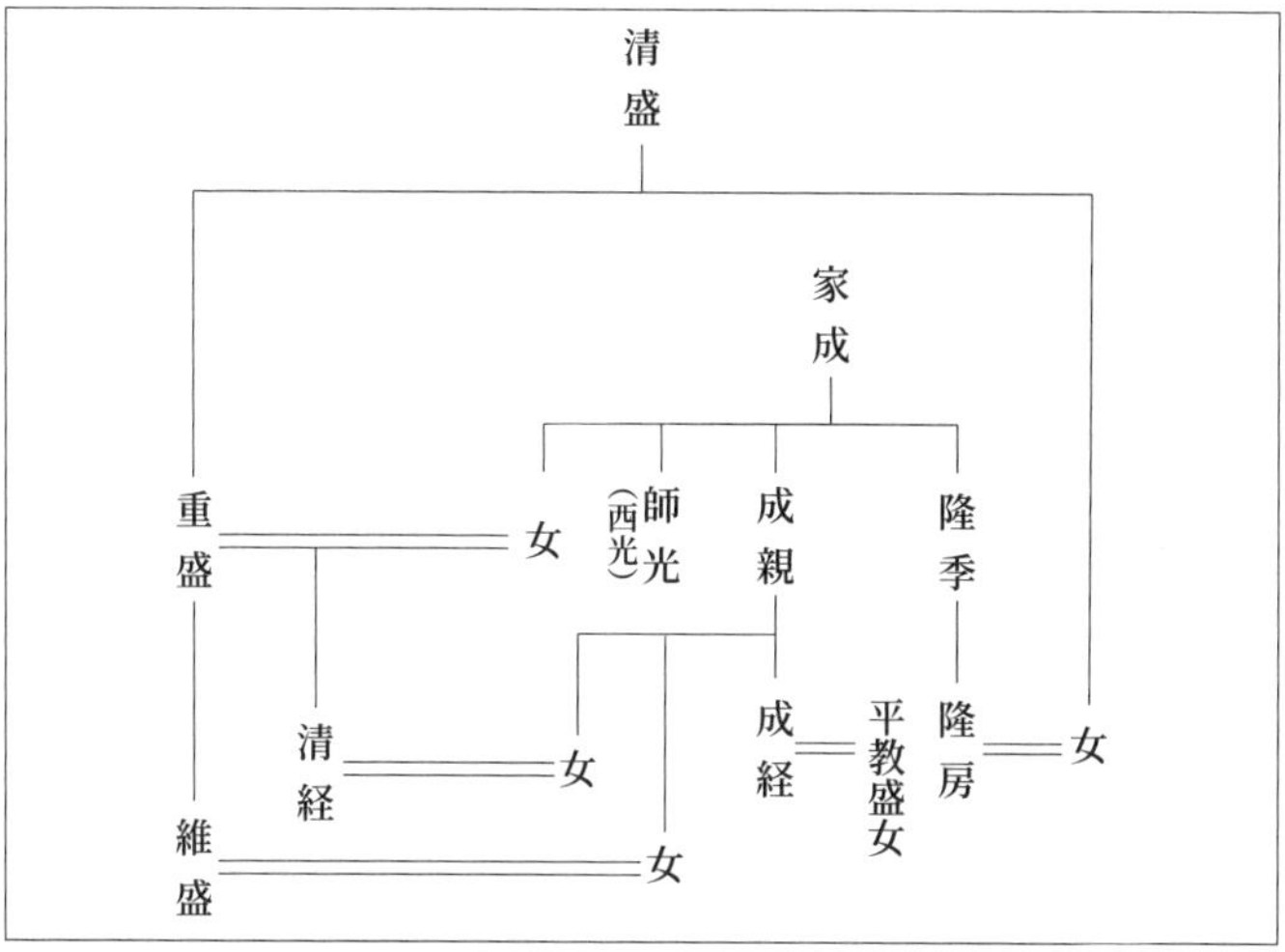

で、後白河院とともども平氏討滅の密議をすすめたという（『平家物語』）。だが、摂津源氏の多田《ただ》行綱《ゆきつな》の裏切りで、陰謀は清盛の知るところとなった。この結果、関係者はぞくぞくと検挙された。院については不問とされたが、西光・成親は殺され、成親の子成経、そして康頼・俊寛は鬼界ヶ島《きかいがしま》へと配流された。これが鹿ヶ谷事件のあらましだ。

　事件は未遂に終ったが、反平氏への風当たりを象徴する出来事だった。

　それはともかく、この事件の敗者たちが清盛の娘徳子《とくし》に怨霊としてとりついた。治承二年の冬、中宮徳子が皇子を出産する。言仁《ときひと》親王（安徳天皇）である。だが、皇子出産にさいしては、大変な難産だったという。前年の鹿ヶ谷事件で

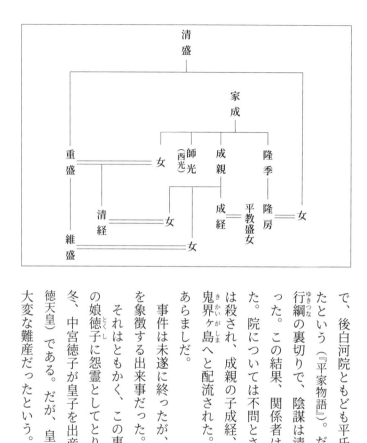

流罪になった喜界島（鬼界ヶ島）に立つ俊寛の碑（鹿児島県三島村提供）

処罰した西光や成親の怨霊がとりついていたからだ。とりわけ成親については、最期まで生への執着も強く、配所での悲惨な死に方も手伝って、怨霊云々が取沙汰された。

その成親について、陰謀露見の当初、助命嘆願に尽力したのが重盛だった。清盛も重盛の嘆願を入れて即座に成親を謀殺せず、とりあえず流罪と決し平家の侍難波《なんば》次郎《じろう》経遠《つねとお》を世話係とした。難波経遠といえば、源太《げんた》義平《よしひら》を生虜した武士として知られる。

義平は源義朝の長子として武蔵大蔵館《おおくらやかた》の合戦で叔父義賢《よしかた》（義仲《よしなか》の父）を討ち、その後の平治の乱で重盛と待賢門《たいけんもん》で戦うなどの奮戦が知られる。平治の乱で父義朝の敗死後、近江逢《おう》坂山《さかやま》でこの経遠に右腕を射ぬかれ、六条河原で斬首された。その義平も雷神となり、難波一族や清盛に取り憑いたとされる（『十訓抄《じっきんしょう》』）。

それはともかく、成親は備前児島から有木の別所に遷され、六波羅《ろくはら》（清盛）からの指令により殺された。酒に毒を盛ったが失敗し、結局は堀にひし（刺股、二またに分かれた鋭い刃物）をおき、突き落とす残酷な方法だったという。『源平盛衰記《げんぺいせいすいき》』にも、「大納言入道の死霊」の一件が取り沙汰されたとある。

成親の死霊は直接的には懐妊した中宮徳子に取り憑き、他の怨霊たちとともに清盛および一門の心胆を脅かすことになる。

息子の丹波少将成経については、俊寛や平康頼とともに鬼界ヶ島に配流とされた。ただし当初は教盛の取りなしもあってか備中妹尾《せのお》（瀬尾）に配された。父成親の備前有木別所《ありきのべっしょ》とは数町の距離だった。

ちなみにこの地は平家の侍として知られる妹尾兼康《かねやす》の所領だった。平家が滅亡すると没官領となり頼朝《よりとも》の支配とされた。

『吾妻鏡《あづまかがみ》』によれば、頼朝は備中妹尾郷を崇徳院の亡魂供養のための法華堂に寄進している（文治《ぶんじ》元年四月二十九日条）。鹿ヶ谷での敗者と保元の乱の敗者が、平氏の家人妹尾の故地を介して結びつく。頼朝による崇徳院の菩提のための措置ながら、奇しき因縁というべきだろう。

すでにふれたように成経はこの妹尾にしばらく滞留し、やがて鬼界ヶ島へと流される。

つゐにかく　そむきはてける　世間《よのなか》を　とく捨てざりし　ことぞくやしき

右は配流のおりに、康頼の詠じたものだが、辺隔な孤島に流罪とされたことの怨みがにじみ出ている。この気持は成経にも共通する感情といえそうだ。娘婿という縁で配流後も、教盛は自己の所領肥前国鹿瀬荘《かせしょう》（現在佐賀市）より「衣食を常に送られければ」という状態だったという。

急ぎ流人たちのその後を記せば、都への帰還を神仏に祈願した甲斐があってのことか、康頼と成経の両人だけは許される。康頼が千本の卒塔婆《そとば》を作り海に流し、そのなかの一本が平氏の氏神《うじがみ》厳島《いつくしま》社に流れ着き、都でも評判となったという。

ともかく、こうした流人たちの望郷の念が生霊という形で、喧伝されたのだろう。配流後一年をへて、両人は都へとよびもどされる。だが、俊寛のみは清盛の許すところとはならなかった。

俊寛と鬼界ヶ島

その、俊寛《しゅんかん》である。『鬼界島』（世阿弥《ぜあみ》作）や『俊寛僧都』（金春禅竹《こんぱるぜんちく》作）など後世の能楽などでも著名だ。鬼界ヶ島《きかいがしま》に遠流された少将成経《なりつね》・入道康頼《やすより》、そして俊寛（シテ）の三人のうち、同罪ながら大赦《たいしゃ》（中宮徳子の安産祈願のため）にもれた俊寛、その彼が赦免使（ワキ）ともどもも船出する成経・康頼と別れる場面を作品化したものだ。『平家物語《へいけものがたり》』の『足摺《あしずり》』を祖型とするもので、ご存知の方も多いことだろう。

そこには、「天魔波旬《てんまはじゅん》の我心をたぶらかさむといふやらむ。うつゝとも覚えぬ物かな」と語り、失望した俊寛の姿が描かれ、船出にさいし足摺《あしず》りをして泣き叫ぶ様子が述べられている。こうした俊寛の心情は、都人へ伝えられ死後怨霊という形で伝説化された。俊寛死去の直前に都から浪路を越え訪れた従者の有王《ありおう》は、鬼界ヶ島の情景を次のように語っている。「田もなし、畠もなし、村もなし、里もなし。をのづから人はあれ共、いふ詞《ことば》も聞しらず」と。

この地は流人の島たる異域として、描写されている。延慶《えんぎょう》本『平家物語』に硫黄島《いおうじま》の異名とされている。さらにこの島への次の描写も異域観をふくらませる。

此土の人にも似ず。色黒うして牛の如し。身には頻《しきり》に毛《け》おひつゝ、云詞《ことば》も聞しらず。男は烏帽子《えぼし》もせず、女は髪もさげざりけり、衣裳なければ人にも似ず。食する物もなければ、只殺生《せっしょう》をのみ先とす。（「大納言死去」）

要はすべてが「此土の人」（日本国の人）とは、立ち振舞いがちがう異域・異形だという。その最たるものが〝礼〟と〝義〟の象徴たる頭髪姿だろう。これが露頭《ろちょう》で烏帽子を着さぬ男、逆に髪をおろさぬ女の姿として描写される。

鬼界ヶ島は『曾我物語《そがものがたり》』の「頼朝《よりとも》の夢」にも登場する。伊豆の流人時代に左の足を陸奥外ヶ浜に、右の足を鬼界ヶ島に置いている夢だ。外ヶ浜に関しては、「貴界島征伐」という歴史的事実が符合する。こうした史実をふまえての『曾我物語』の描写なのだろう。北の異域（東夷）＝外ヶ浜と南の異域（南蛮）＝鬼界ヶ島が、中世に〝日本国〟の射程に組み込まれたことは興味深い。

話が広がったが、この場合の〝日本国〟とは単純に国家版図《はんと》や領域という地理的空間のみをさすのではない。むしろ、文化領域としての〝日本国〟が頼朝の「鎌倉的武威」を通じて達成されたことが重要だろう。そこでは前述した如き鬼界ヶ島の人間たちが殺生を業とし、烏帽子も着さぬ場面で語られている。そうした〝非日本国〟的異域が、鎌倉期には「武威」

により内国化が達成されたということだ（「征伐」の語感にはこの内国化を「武」で服従させる表現）。頼朝の夢に語られている話を拡大すれば、こんな広がりも想定できそうだ。

死霊・悪霊・生霊

余談ついでに俊寛《しゅんかん》伝説に限定して言えば、江戸期は『平家物語《へいけものがたり》』をルーツとして、その延長にある能や謡曲から俊寛が完全に独り歩きする時代だった。例えば近松門左衛門《ちかまつもんざえもん》の『平家女護島《にょごのしま》』（享保四年初演）では、赦免された俊寛が成経《なりつね》の妻千鳥《ちどり》（島の海女）を都に帰すために、赦免使を殺し、島に残るというストーリーとなっている。曲亭馬琴《きょくていばきん》の『俊寛僧都嶋物語《しゅんかんそうずしまものがたり》』（文化五年）では、牛若丸・鬼一法眼《きいちほうげん》とその娘舞鶴の登場、さらに有王の活躍などロマンあふれる世界が展開している。

その限りでは、原像からはかなり遠い話が提供されているようだ。近世江戸期は、中世の伝説を別のアナザーストーリーとしてリニューアルし、多くの人々に流布させた時代ということができる。雪ダルマのように伝説・伝承がふくらんでいった時代ともいえる。

話を中世の『平家物語』の世界にもどす。ここで俊寛の略歴を簡単に付しておく。

村上源氏の源雅俊《まさとし》の孫で、鹿ヶ谷事件当時は法勝寺《ほっしょうじ》執行《しぎょう》だった。院領の法勝寺領荘園の管

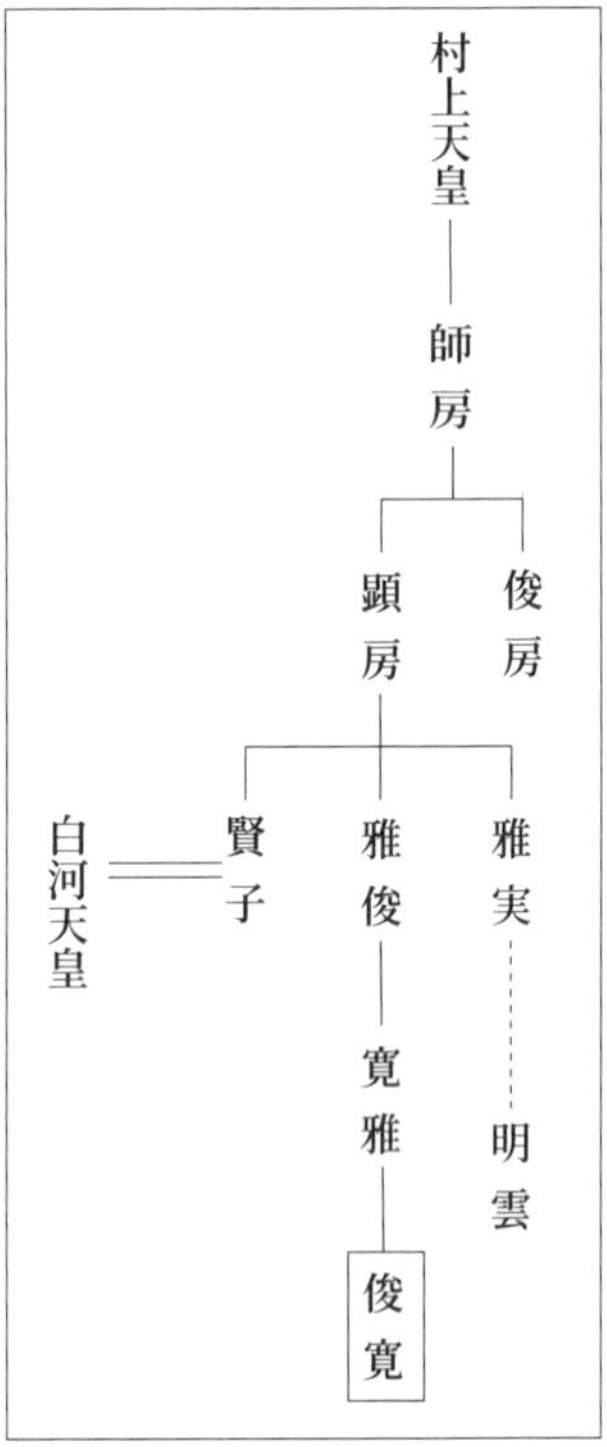

理を行ない、同寺の仏事全体を取りしきる院近習の僧侶という立場にあった。当然、後白河院の意志を代弁し得る人間とみなされ、成親とともに政変の主謀者とされた。八条院《はちじょういん》（鳥羽天皇と美福門院得子との間の皇女）に仕え、その姉妹が八条院後見の平頼盛《よりもり》の夫人であった関係で、配流後の鬼界ヶ島での俊寛の生活も、かれらの支援があったようだ。

　この点、あまりに俊寛の配所での生活を孤立無援と断定するには問題が残る。孤立無援云々は、あるいは俊寛の悲劇性を増幅させるための演出なのかもしれないが……。教盛との関係で成経が生活物資を送られていた事情を考慮すれば、俊寛の場合にも同様の関係が想定できるであろう。

彼らの鬼界ヶ島《きかいがしま》の流罪生活を『平家物語』は次のように点描する。平康頼《やすより》と丹波少将成経は、島内を熊野詣の霊場と見立て、康頼は祝詞《のりと》を作り、卒都婆を海に流すなど帰洛を祈願した。だが「天性不信第一の人」といわれた俊寛は神仏にも祈願せず、翌年の中宮徳子《とくし》の安産祈願での大赦でも島に残留させられた。この悲劇性が前述した能や謡曲、さらには浄瑠璃の世界に広がった。

『平家物語』には都より俊寛を訪れる有王のことばが涙をさそうが、その有王はやがて俊寛の遺骨を高野山に納め、出家し諸国めぐり亡主の後世《ごぜ》を弔《とむら》う。有王説話がその後俊寛とともに伝説化する素地は、こんな事情もあったとされる。

ともあれ俊寛も成親と同じく怨霊となる。安徳《あんとく》天皇誕生にさいし中宮徳子に取り憑く「こはき御物気共」として、登場する。

明王の縛《ばく》にかけて、霊あらはれたり。殊には讃岐院の御霊、宇治悪左府《うじあくさふ》の憶念《おくねん》、新大納言成親卿の死霊、西光法師が悪霊、鬼界の嶋の流人共が生霊《しょうりょう》などぞ申ける。

（『平家物語』巻第三赦文）

ここにはこれまで述べてきた怨霊が顔をそろえているが、わけても鬼界ヶ島配流の流人たちの生霊の存在は大きいとされた。

龍宮と安徳天皇

鬼界ヶ島《きかいがしま》に関しては、安徳《あんとく》天皇伝説も残されている。壇ノ浦《だんのうら》で生きのびた天皇は、硫黄島《いおうじま》（鬼界ヶ島）にたどり着き、ここで成長し、若宮をもうけ天寿を全うし六十六歳で没した、と。後世創作された平家落人《おちうど》伝承のひとつだろうが、この安徳天皇は悲劇性の故に種々の話が残されている（井沢蟠竜《ばんりゅう》『広益俗説弁《こうえきぞくせつべん》』）。以下は壇ノ浦で平家一門とともに運命をともにしたその幼帝安徳についてである。高倉天皇の第一皇子（言仁《ときひと》）として誕生し、治承《じしょう》四年（一一八〇）二月、三歳で即位する。内乱はこの天皇即位の直後から始まる。

〝平家による、平家のための天皇〟ともいうべきこの安徳は、平氏一門とともにあった。前年の清盛《きよもり》による後白河院《ごしらかわいん》幽閉をかわきりに、反平家の気運は高まっていたが、安徳天皇の即位で一挙に爆発した。即位直後の四月以仁王《もちひとおう》と源頼政《よりまさ》が挙兵し、そして頼朝《よりとも》・義仲《よしなか》の東国で

歌川広重「義經一代記之内・義経智略一の谷鵯越逆落し」より部分
東京国立博物館所蔵、ColBase（https://colbase.nich.go.jp）

の反乱へと発展する。ともかく新帝安徳以後の平家は、清盛死去から一門都落、そして一ノ谷での大敗と、数年の間に大きく衰運の方向をたどる。元暦《げんりゃく》二年（一一八五）の壇ノ浦での幼帝の海没は、その悲運の象徴だった。とりわけ入水場面は涙をさそう情景として知られ、後世には謡曲（「碇潜《いかりかづき》」）にも受け継がれている。

「悪縁にひかれて、御運既につきさせ給ひぬ」とは『平家物語』が引用する二《に》位尼《いのあま》時子《ときこ》のことばだ。幼帝たる〝平家の天皇〟への想いなのだろう。この「悪縁」は仏法的因果観が前提となっているが、同時に一門を衰運に導いた人々の怨念も、それに含まれていたはずだ。日本国の大魔縁となった崇徳院《すとくいん》をはじめ、成親《なりちか》そして俊寛《しゅんかん》の宿怨が亡魂となり、〝平家の天皇〟に取り憑く。そんな状況が看取できるはずだ。

壇ノ浦での安徳天皇は、こうした冥界からの「霊威」と、東国勢の「武威」との挟撃で滅亡するとの見方もできる。安徳天皇伝説の背後には、運命に殉じた幼き者への鎮魂が込められていた。特に海没のイメージが龍宮世界とリンクして、様々な物語を創り出した。

「宝剣」と安徳天皇

その昔、スサノオ命《みこと》に草薙《くさなぎ》の剣を奪われたヤマタノオロチが、剣を取り戻すために再誕した。それが安徳《あんとく》天皇だとする。「宝剣を取り持ちて西海の波の底に沈み給ひける。終には龍宮に納まりければ、見るべからずとぞ見えたりける」（『源平盛衰記』）とあるように、そこには三種神器のうち唯一海没し、行方不明の宝剣に関して、ヤマタノオロチ神話と接合させる展開となっている。「尼ぜ、われをばいづちへ具してゆかんとするぞ」との幼帝の問いに、「浪のしたにも都のさぶらうぞ」と応じる二位尼《にいのあま》（平時子《ときこ》）。「先帝身投」のこの場面からも龍宮云々が取沙汰される余地があったようだ。『愚管抄《ぐかんしょう》』もまた右の宝剣と龍神の関係についてふれている。ここには慈円《じえん》独自の解釈も見られ興味がそそられる。

コノ王《きみ》ヲ平相国《へいしょうこく》イノリ出シマイラスル事ハ、安芸《あき》ノイツクシマノ明神《みょうじん》ノ利生《りしょう》ナリ。コノイツクシマト云フハ龍王ノムスメナリト申ツタヘタリ。コノ御神ノ、心ザシフカキニコタヘテ、我身ノコノ王ト成テムマレタリケルナリ。サテハテニハ海ヘカヘリヌル也トゾ、コノ子細シリタル人ハ申ケル。……抑《そもそも》コノ宝剣ウセハテヌル事コソ、王法ニハ心ウキコトニテ侍《はべ》レ。コレヲモコヽロウベキ道理サダメテアルラント案ラメグラスニ、コレハヒトヘニ、今ハ色ニアラハレテ、武士ノキミノ御マモリトナリタル世ニナレバ、ソレニカヘテウセタルニヤトラボユル也。ソノユヘハ太刀ト云フ剣ハコレ兵器ノ本也。コレ武ノ方ノヲホンマモリ也。

（巻第五「後鳥羽」）

やや長文ながら、ここには「王威」そして「武威」の根源にかかわる論点が、安徳の龍王論に寄せて云々されている。すなわち、①平相国清盛《きよもり》の祈願に応えて、龍王（『源平盛衰記』には「沙竭羅龍王《しゃかつら》」とある）の娘が厳島明神に変身して帝となり海に帰ったこと。そして宝剣については、②「王法」には憂うべきことだが「道理」の然らしむところとして、武士が天皇の守護者となる時代が到来したこと、以上二点の趣旨が指摘されている。

慈円にとって、この幼帝の入水は、衰退した王権が龍王世界に入るという①の事情から、「武者ノ世」への移行という現実を、「道理」から再解釈するための論理として展開されてる。慈円の解釈ながら、ここには「王威」から「武威」への変化が指摘されている。さらに言えば、この王権と武士の関係だ。王家の外護者としての武家の意義を説く慈円は、これにつづけて、「武ノ方ヲバコノ御マモリニ、宗廟《そうびょう》ノ神モノリテマモリマイラセラルナリ」と指摘する。要は「宗廟ノ神」すなわち天照大神に、武神たる八幡神が加わり、王を守護する状況が現出したとするのである。

ここで想い出していただきたい。義家《よしいえ》が「鳴絃《めいげん》」により白河院《しらかわいん》の物怪を撃退した話を、あるいは頼政が近衛院に取り憑いた鵺《ぬえ》を退治した話を、である。武人たるかれらが「武」を介し王権（「王威」）の外護者となっている場面である。少なくとも、そこには従前の如き加持や祈禱を含めての神仏の威力（霊威・法蔵）とは別に、即物的な「武」が霊的威力をまとうことで、「王威」を保全する〝安全保障〟のシステム（武の請負い）が誕生していることだろう。神仏の「霊威」は、明らかに「武威」との共同歩調の途をさぐりはじめた。武神＝八幡神が天照神とともに、共同統治神として認識される事情を歴史的回路で説明すれば、こんなところとなろうか。

かくして「今ハ武士大将軍世ヲヒシト取テ、国主、武士大将軍が心ヲタガヘテハ、ヱヲハシマスマジキ時運ノ、色ニアラハレテ出キヌル世ゾト」との主張につながる。そこには頼朝《よりとも》の征夷大将軍が誕生し、国主（天皇）はこれと協調しなければ統治できない段階であり、これが明確になった時代だと、慈円は指摘する。安徳以後における、頼朝の武家政権への流れを慈円は右のように解した。

われわれは安徳天皇の最期を語ることで、「王威」そして「武威」の関係についてふれた。この問題についてさらに具体的場面を材料にみておこう。いささか怨霊から遠くなるようだが、時間のチャンネルをほんのわずかだけ前に戻してみたい。入京した義仲がその後に王朝貴族たちと対立し、やがて後白河院を幽閉するという、例の法住寺《ほうじゅうじ》合戦での場面だ。

「夢カ、夢ニ非ラザルカ」―法住寺合戦の顛末

夢カ夢ニ非ラザルカ、魂魄《こんぱく》退散シ、万事不覚、凡ソ漢家本朝ノ天下ノ乱逆《らんげき》、其《そ》ノ数有ルト雖《いえど》モ、未ダ今度ノ如キノ乱アラズ、義仲《よしなか》ハ是《これ》天ノ不徳ノ君ヲ誡《いまし》ムル使ナリ……

（『玉葉』寿永二年十一月十九日条）

悲憤の人・九条兼実《かねざね》はこう日記にしるした。法住寺《ほうじゅうじ》合戦での義仲《よしなか》の武力に屈した事態、これを兼実は右のごとく慨嘆した。『平家物語《へいけものがたり》』をひもとくまでもなく、後白河《ごしらかわ》院を擁する官軍側の敗北はあっけなかった。武力という現実の前に「王威」はひとたまりもなく否定されたのである。正義であるべき王家は武力の前に埋没した。東国の「武威」が、都の「王威」を圧倒したのだった。

義仲が北陸から入京したのが寿永《じゅえい》二年(一一八三)七月二十五日、平氏西走後の都に進駐した義仲勢は、その後、後白河法皇と対立、ついに十一月十九日、院の御所法住寺を襲撃する。そのおり、法皇を守護する立場にあった平知康《ともやす》の義仲への口舌《こうぜつ》がおもしろい。「宣旨をむかってよみければ、枯れたる草木も花咲き実なり、悪鬼、悪神を随ひけり」と。さらに言う。「汝等がはなたん矢は、返って身にあたるべし。ぬかむ太刀は身をきるべし」と。

この麗句に満ちた知康の意識は、まさに「王家・朝家」の自家発電ということになろう。対して義仲の返答は単純だった。「さないはせそ」(そんなことを言わせるものか)と。このコントラストこれこそが妙味なのだろう。義仲の「武威」の前では、「王威」は一蹴されたのである。「悪鬼、悪神」も従わざるを得なかった「王威」に、かつての威光はなくなってい

九条兼実（『肖像集』二、国会図書館デジタルコレクション）

た。

多分に修辞的文言を含む『平家物語』の一節は、当時の殿上公卿が共有した王権への想いであったろう。むろん兼実の意識もその延長にあったにちがいない。だが、兼実にあっては、義仲の行動にやや同情も示している。義仲も悪いが、後白河院が御所に兵を集めるなどとは、王者のすることではない、と。義仲の法住寺攻撃の根本には、全ての責任を他者に押しつける院側の身勝手さへの反抗の気分もあった。武力には武力で、そこには「王威」への配慮はみじんもない。

ところで、『玉葉《ぎょくよう》』の兼実の一節には、もう一つの論理が隠されていた。かれは単に「王威」の衰退・失墜を嘆いているのではない。かかる衰退の原因のよって来たる事情にもふれている。ふれていると同時に、次のような論理で「王威」復活への道程を構想しようとしている。おそらく、それは兼実自身の内奥に存在しているものだが、客観的には義仲の武力が後白河院に象徴される王権を危機に落し入れている実情に変化はない。

「王威」の危機と「武威」の力

ともあれ兼実《かねざね》の論理とは、王権の危機を、これを体現する個人（後白河院《ごしらかわいん》）の問題に還元させることで、王権の連続性を構想しようとする意識だろう。義仲《よしなか》の武力侵攻は徳なき後白河院を懲らしめる、天の行為だとの考えにも通じる。「不徳ノ君ヲ誡ムル使」と義仲の行為をみたてることで、自己が身をおく公家全体の秩序は保持されることにもなる。難しい表現がつづいたが、貴族の代表ともいうべき兼実が、法住寺《ほうじゅうじ》合戦を見聞して得た感慨は、客観的には「王威」の失墜と約言できる情況だった。

しかし他方では「不徳ノ君」観を介在させることで、王権の危機を回避する論理を持ち出そうとしていた。「夢ニ非ラザル」現実を自己に納得させ、消化するための方策、それが後白河院＝「不徳ノ君」観なのだろう。それは別の言い方をすれば、圧倒的な「武威」の前で、これと共存するための方向が提示されているとの見方にもつながる。

王朝政治の中枢にあって、摂関家に身をおく兼実ならではの観察眼だろう。何度となく紹介した『愚管抄《ぐかんしょう》』の作者慈円《じえん》は、この兼実の弟にあたる。『玉葉《ぎょくよう》』を通読すれば気づくことだが、作者兼実の感情が随所にほとばしっている。その点では「王威」の衰退が『平家物語《へいけものがたり》』の場面と奇妙に一致する。『玉葉』には、これに類する発言が多い。内乱期は公家社会の代表者をして、末法観も手伝ってムードとしても王法・仏法の衰退が説かれている。

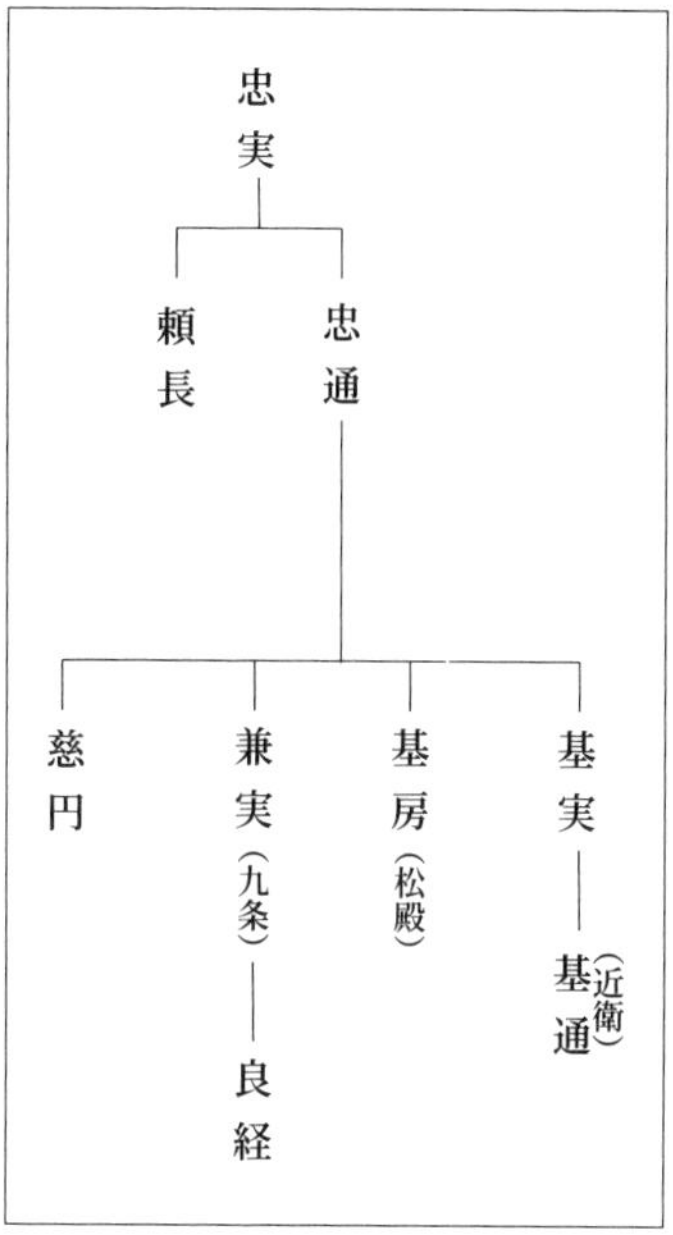

法住寺合戦と前後するが、治承《じしょう》四年（一一八〇）末の平重衡《しげひら》による南都炎上にさいしての兼実の発言も注目されよう。「七大寺已下悉《ことごと》ク灰燼《かいじん》ニ変ズルノ条、世ノタメ民ノタメ仏法王法滅尽《めつじん》シ了《おは》ルカ、凡《おおよ》ソ言語ノ及ブ所ニアラズ」（十二月二十九日条）と、語られている。「仏法王法滅尽」とまで言い切るあたりに兼実らしさが伝わる。

平家の武力の前には仏法（法威）も王法（王威）も、滅ぶ状況が現出したというのだ。王・仏両輪の在り方は、軍事（武力）という新しい分野が自己を主張し始めることで、変化し始める。兵あるいは武士（武家）により担われたこの分野は、公家が担う政事（政治）や寺社家が担う宗事（宗教）とは、その色合いにおいて異なっていた。この三者が自己の権力領域を分掌することで中世の国家権力が構成される。

その祖型はやはり十世紀の天慶《てんぎょう》の乱あたりだろう。王朝国家内部での「武」の胚胎とでもよぶべき事情が、十世紀以降本格化し、「武」は自身を量から質へと転換する過程で、「武威」を併有するに至った。抽象的な物言いを承知のうえで続けると、粗野な武力が「武威」という形で、社会的に認知され昇華されるためには、武の保持者（兵）が「家」に属することが要件となる。「家」とは貴族の社会的ステータスであり、一般的には五位の位階を認められることが要件だろう。存在としての「武家」の社会的認知である。

「辟邪」とタブーへの挑戦

その限りでは兵が地方から中央へと進出し、あわせて五位の位階を認められる契機が必要となる。この二つの要件をそなえたものが「中央軍事貴族」に他ならない。天慶《てんぎょう》の乱はその「中央軍事貴族」を創出する契機となった。「武威」なる語が登場する意義とは、およそこんなところか。平安後期以降の諸乱は、この「武威」が自己を発揚する場を提供した。これを介し兵そして武士が「武家」としての地位を公認される状況が出てくる。

武に携わる者の本質は〝血をいとわず〟、すなわち血避《けっぴ》観念からの解放だろう。聖俗両界の寺社家あるいは公家がタブー視してきたもの、そのタブーを犯した場合の浄化作用が必要とされた（公家と寺社家の協賛による御霊会《ごりょうえ》はその代表だろう）。そうしたタブーへ挑戦する粗野なエネルギーが「辟邪《へきじゃ》」的要素を内包した武力、ということになる。

紛争解決の手段としての武力は、その一面において聖俗両界、別言すれば「王法」「仏法」ともにタブーとした血避の観念を解放した。職能として「武芸」が「武威」を前面に押し出し、国家権力の内部に権門（武家）としての地位を確立したとき、「武者ノ世」が到来したということだろう。まさしく時代の流れは「王威」から「武威」へと移行する。

兼実《かねざね》が指摘した「仏法王法滅尽〟」意識から導き出される論点を含め、武力の意味について話を広げた。切り口としての怨霊の問題からすれば、隔たりの感もあろうが、内乱期の時代相を考えるうえでは必要かと思う。以下ではこの内乱期を別の角度から掘り下げておこう。

五大災厄と内乱

ゆく河の流れは絶えずして、しかも、もとの水にあらず。淀みに浮ぶうたかたは、かつ消えかつ結びて、久しくとゞまりたる例なし。世中にある人と栖《すみか》と、またかくのごとし。

『方丈記《ほうじょうき》』が伝える有名な一節だ。建暦《けんりゃく》二年（一二一二）の奥書からすれば、鴨長明《かものちょうめい》（一一五五―一二一六）六十歳の作らしい。内乱の時代は青年期の長明の多感さと重なる。平安末期の激動期は、その息吹を長明は皮膚感覚で知っていた世代だろう。「王威」から「武威」への転換を時代の鼓動を感じ取った世代にちがいない。その長明が〝時代〟それ自体をまるごと、自然と人為の一体化のなかで語っていることに注目したい。「世の不思議を見る事、ややたびたびになりぬ」と語る場面がそれだ。

○去安元《あんげん》三年四月二十八日かとよ、風烈《はげ》しく吹きて、静かならざりし夜朱雀門大極殿《すざくもんだいごくでん》一夜のうちに塵灰《じんかい》となりにき、**（「安元の大火」）**

○また、治承《じしょう》四年卯月《うづき》のころ、中御門《なかみかど》京極のほどより大きなる辻風おこりて、六条わたりまで吹ける事侍りき、**（「治承の辻風」）**

○また、治承四年水無月《みなづき》の比にはかに都遷り侍りき……これを世の人安からず憂へあへる、実にことわりにも過ぎたり。**（「福原遷都《ふくはらせんと》」）**

○また、養和《ようわ》のころとか、久しくなりて覚えず、二年《ふたとせ》があひだ、世中飢渇《きかつ》して、あさましき事侍りき。**（「養和の飢饉」）**

○また、同じころかとよ（元暦《げんりゃく》二年七月）おびただしく大地震ふること侍りき。そのさま、よのつねならず。山はくづれて河を埋《うづ》み、海は傾きて陸地をひたせり、**（「元暦の大地震」）**

「安元の大火」・「治承の辻風」・「福原遷都」・「養和の飢饉」・「元暦の大地震」等々。『方丈記』はこの五大災厄《ごだいさいやく》ともいうべき情景をみごとに描写することで、心象の世界と結合させている。安元三年（治承元年、一一七七）から元暦二年（文治元年、一一八五）のこの時間軸は、おりしも平家滅亡の足跡と合致する。鹿ケ谷《ししがたに》政変から壇ノ浦《だんのうら》合戦までがすっぽり包まれる時代だ。平家の「武威」にかわり源家のそれが新しく台頭する段階だろう。

あるいはそこに怨む人々の霊の所為が宿されていると解することもできる。例の崇徳院が日本国の「大魔縁」となって、「皇を取て民となし、民を皇となさん」を現実とみるむきもあろう。この〝革命〟的言辞の実現のされ方は〝天の御気色《みけしき》〟(天気)が荒れくるうことで争乱や内乱が惹起され、支配者の更迭を実現させる。

その限りでは『方丈記』が象徴的に語る五大災厄は〝変革〟の予兆でもあった。万斛《ばんこく》の涙をのみ、無念のうちに世を去った怨霊たち。崇徳院《すとくいん》はもとより、そこには悪左府頼長もいれば、鹿ヶ谷政変での藤原成親《なりちか》や西光《さいこう》、さらには鬼界ヶ島《きかいがしま》の俊寛もいた。かれらの怨みが凝縮された形でこうした災厄がもたらされたようでもある。

右に、『方丈記』を借用したのは、災厄が内乱の序曲たることに加えて、怨霊問題に重ね合わせたかったためだ。さらに言えば、同時に文人長明という個人の視線に映じた世相を知りたかったこともある。この個人レベルでの感性という点からは、長明と対比できる人物がもう一人いる。藤原定家《ていか》だ。世代的にもやや近いこの両人の〝時代〟の受け取り方、これを検討することも無駄ではあるまい。

「紅旗征戎・吾ガ事ニ非ズ」―定家の韜晦《とうかい》

さて、『明月記《めいげつき》』である。歌人定家《ていか》十九歳。日記はその年、すなわち治承《じしょう》四年（一一八〇）から始まる。長明《ちょうめい》が『方丈記《ほうじょうき》』にあって治承の辻風を流麗にしかも微細に描写した、その年である。時に長明二十六歳だった。

雷鳴先《ま》ヅ両三声ノ後、霹靂《へきれき》猛烈、北方ニ煙立チ揚ル。人焼亡ヲ称フ。是レ颰《たい》ナリ。京中騒動スト云々。木ヲ抜キ沙石ヲ揚ゲ、人家門戸ナラビニ車等皆吹キ上グト云々、

（原漢文　四月二十九日条）

『方丈記』の回想的手法とは異なり、生硬な筆致が伝わる。和文と漢文の差とは別に、書き手の感性の差が大きい。

世上乱逆《らんげき》追討耳ニ満ツト雖モ、之ヲ注セズ、紅旗征戎《こうきせいじゅう》吾ガ事ニ非ズ

とは、同じくこの治承四年（一一八〇）の内乱前夜の騒然なる世上への定家の感想だ。鋭敏

すぎるその感性をあえて封印するために、〝無視〟を決め込む姿勢に〝若さ〟がのぞいているようだ。このあたりは、時代を遠くからながめることができた長明の側がより、描写の焦点が鮮明でもある。仏法的無常観を内省化させた長明の時代認識は、それなりの解釈がほどこされていよう。内乱を象徴し予兆させる、大火・辻風・遷都・飢饉・地震の描写には、そうした意識と一体化したものがあった。

他方の定家の時代認識は、他者をみる視線を欠く。両者が背負う世界が違えば当然のことなのだが。貴族のはしくれとはいえ、歌の家を担う定家の屈折した気分が溢れている。「紅旗征戎吾が事ニ非ズ」にはそんな気分もあるようだ。

そして福原遷都、これへの関心も両者の相違が出ている。「古京はすでに荒れて、新都はいまだ成らず。ありとしある人は皆浮雲の思ひをなせり」とは、その遷都に寄せた長明の感慨だ。他方の定家はやはりドライだった。

俄《にわか》ニ遷都ノ聞エアリ、両院・主上忽《たちま》チ臨幸《りんこう》アルベキノ由、入道殿（清盛《きよもり》）申サシメ給フト、前途又安否ヲ知ラズ（五月三十日条）

追想・回想を軸とする『方丈記』と比べることに無理もある。が、この点を了解したうえでも、ということだ。『明月記』のドライさは、兼実《かねざね》の『玉葉《ぎょくよう》』と比べても両人の〝体温〟は歴然だ。

福原遷都の話が出たので、蛇足を加える。この遷都が以仁王《もちひとおう》・頼政《よりまさ》挙兵、南都北嶺強訴、群盗横行といった状況下で、京都の混乱を回避するための施策とされる。朝野の反対をおしての断行だった。だが、その解釈を前提としたうえで清盛には別の大いなる構想があったかもしれない。〝福原の夢〟とでも呼ぶべき指摘があるほどの壮大な海洋構想だ。

福原(神戸市兵庫区南部)を東アジア交易圏に位置づけ、ここを拠点に日宋貿易を展開する。こんな場面を準備していた可能性もあるという。経ヶ島の造成と大輪田泊《おおわだのとまり》の修築、さらには音戸《おんど》の瀬戸《せと》の開削はその一端だろう。瀬戸内海を巨大な水路に見立て、福原に宋船を引き込む構想は、さほど遠い夢ではなかったはずだ。「揚州《ようしゅう》の金《こがね》・荊州《けいしゅう》の珠《たま》・呉郡《ごぐん》の綾《あや》・蜀江《しょくこう》の錦・七珍万宝《しっちんまんぽう》、一として欠けたる事なし」との『平家物語《へいけものがたり》』の著名な一節には、想像以上の現実が加わっていたのかもしれない。

亡魂の行方

中国の古典『易経《えききょう》』に登場する次のことばをご存知だろうか。「積善《せきぜん》ノ家ニ余慶《よけい》アリ、積悪《せきあく》ノ家ニ余殃《よおう》アリ」と。怨霊とは、「積悪」をなす家なり人なりに取り憑く「余殃」との見方もできよう。政争にそして戦さに敗れた者が、その復活を願い再生する。それは時として「天に口なし、人をして語らしめる」ことで、亡者たちの魂は自己をアピールする。それは家や人間を超え、時代そのものさえ呪いの対象となることもあった。幾多の戦乱が重なった平安末期は、変革期・転換期ということば以上に、人々の心にそんな思いを膨らませたはずだろう。その激動期の敗者の亡魂《ぼうこん》に想いを至すとき、『吾妻鏡《あづまかがみ》』に見える以下の話は何とも象徴的なようだ。

時代は奥州合戦後の文治《ぶんじ》五年(一一八九)、舞台は義経《よしつね》滅亡後の東北だ。頼朝《よりとも》が「天下草創」をスローガンに上洛する一年前のことである。「内乱の十年」がほぼ完了しようとした時期ということになる。この間、治承《じしょう》四年(一一八〇)伊豆に挙兵した頼朝は、前半を対平氏攻略についやし、壇ノ浦以後の後半は対奥州藤原氏の討滅に力を傾けた。

前者には義仲《よしなか》が介在し、後者には義経がいた。このあたりの大まかな経過は、くどくど述べない。いまこうした諸点を簡略に記したのは、右の義仲なり義経がその死後に旗揚げをしたとの記事が見えるからだ。

　ここに見える亡魂の主たちのなかには、義仲の息子清《し》水《みず》冠《か》者《じゃ》義高《よしたか》もいる。さらには頼朝に滅ぼされた泰衡《やすひら》までもが登場するのだ。かれらは、この奥州に参集し、鎌倉をめざし旗揚げをしたというのだ。やや前置が長くなったが、平家滅亡の数ヶ月後、奥州より鎌倉に次のような飛脚がもたらされた。

源義経（『前賢故実』巻第8、国会図書館所蔵）

奥州ノ飛脚、去ル夜参ジ申シテ云ク、予州《よしゅう》ナラビニ木曾左《さ》典《てん》厩《きゅう》子息及ビ秀衡《ひでひら》入道ノ男等ノ者有り、各同心合力セシメ、鎌倉ニ発向セントスルノ、謳歌《おうか》ノ説《せつ》アリト云々
（原漢文文治五年十二月二十三日条）

遺恨の者たちが、同心して関東に発向したとの風聞を、『吾妻鏡』はこう伝えている。ここに登場する「予州」（伊予守）義経の自害はこの年の四月のこと、「木曾左典厩」（左馬頭）義仲の敗北は元暦《げんりゃく》元年（一一八四）の正月のこと、その息子清水冠者義高が人質として頼朝に殺されたのは四月のこと、そして秀衡入道の男すなわち泰衡の滅亡は、右の飛脚の三ヶ月前のことだ。いずれもが鎌倉の武力に滅せられた人々だった。

風聞とはいえ、そのかれらが冥界から復活し、鎌倉をめざしたというのだ。平泉滅亡の余燼なおくすぶり続けていた奥州にあって、この報は頼朝に警戒の色を強めさせることになった。かれら亡魂の主たちを借りての何者かの策動だろうが、怨念の者がこぞって顔をのぞかせるあたりはやはり興味深い。

頼朝は北陸道方面に軍勢を派したものの、この亡霊騒動の顛末が具体的に明らかになるのは、翌文治六年の正月のことだった。いわゆる大河兼任《おおかわかねとう》の乱がそれだ。主家藤原氏の滅亡後、その弔い合戦と称し反鎌倉勢力を結集し挙兵したとされる。出羽国《でわのくに》の南部を拠点に挙兵した兼任の勢力は、あなどり難いものがあったらしい。

「或ハ、伊予守義経ト号シ、出羽国海辺荘ニ出テ、或ハ、左馬頭義仲嫡男朝日冠者《あさひかじゃ》ト称シ、同国山北郡《せんぼく》ニ起キ、各逆党《げきとう》ヲ結ブ」（『吾妻鏡』文治六年正月六日条）と見え、反乱勢力七千余騎が秋田城を攻略後、やがて多賀城を襲い鎌倉へと進軍の予定だったとする。しかし出羽の八《はち》郎潟《ろうがた》の渡河《とか》作戦に失敗した兼任の軍は、鎮圧のために派遣された鎌倉の軍勢のために四散させられ、最終的には終息にむかった。およそ三ヶ月にわたり奥羽の地方を席巻したこの乱には、奥州の怨念も込められていた。

考えてみれば奇妙な出来事だった。ここに平氏一門の亡魂は全く記されていない。義仲も義高も、そして義経もさらに泰衡も、いずれもが一族・一門あるいは家人という立場で頼朝に誅された亡者たちだろう。

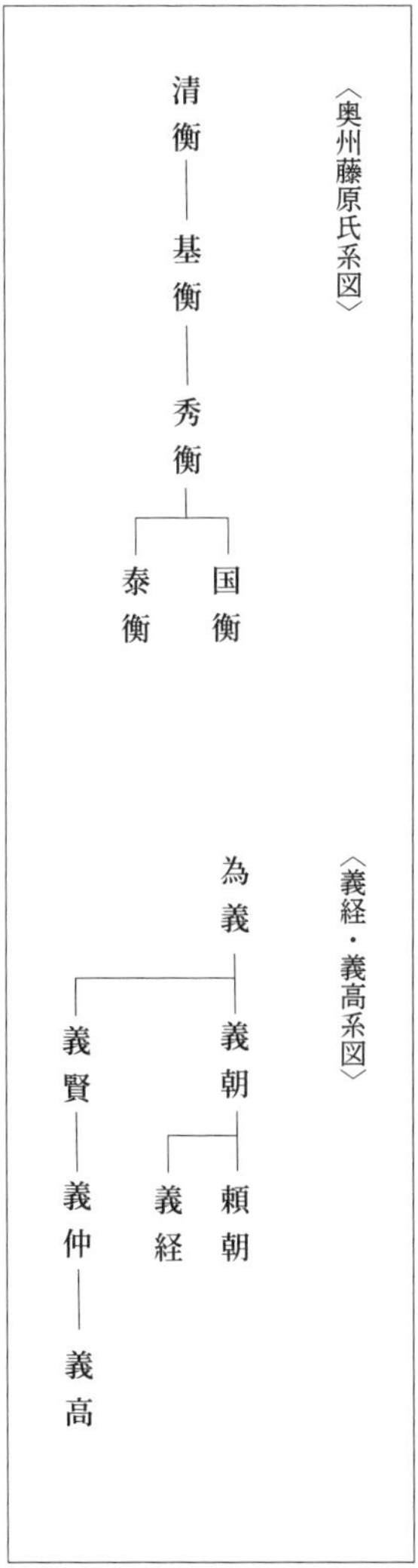

ここで家人云々、と述べたのは泰衡との関係からだ。いささか補足すれば、頼朝は義経滅亡後の奥州に合戦を仕掛けるにあたり、意識的に奥州の藤原氏に〝家人の論理〟を押しつける。その淵源を頼義時代の前九年合戦や後三年合戦にさかのぼらせ、奥羽支配の正当性を〝歴史〟に問いかけようとした。

泰衡の首級を釘打ちにし、安倍貞任《あべのさだとう》に見立てる（『吾妻鏡』文治五年九月六日条）パフォーマンスも、前九年合戦の再現を語るものとされる。『陸奥話記《むつわき》』にもあるように安倍頼時《よりとき》は源頼義《よりよし》が鎮守府将軍として陸奥に下向したおり、源家の威勢をはばかり同名の「頼良」を「頼時」と改名したという。こうしたことも〝家人〟化を因縁づけるための論理として補強されたようだ。ともかくも前九年以来の奥州への因縁と義経問題を口実に、頼朝の奥州合戦は完了する。

この奥州合戦の段階で、奥州藤原氏は頼朝の〝源氏神話〟に組み込まれる。〝前九年合戦・後三年合戦以来、奥州は源家の家人に〟という論理である。奥州への意識的誤解、頼朝はこれを演出した。泰衡の奥州藤原氏は滅ぼされるべくして、滅ぼされた。泰衡の〝家人〟化の論理とは、まさに、〝歴史〟を利用することで創り上げられたものだ。だが、しかし、頼朝はその誤解をつとめて拡散・定着させることで、奥州征討の論拠とした。

おおげさに言えば、頼朝のこの政治的演出＝企みは、やがて歴史の彼方に定着、そして沈澱されていった。「奥州征伐史観」に代表され得る鎌倉・源家正当の史観にあっては、その正当性を創造するために、〝たくらまれた〟歴史も、歴史そのものとして血肉化する。頼義・義家以来の源氏神話は、かくして奥州合戦と結合した。

ところで、この泰衡も含め参集した亡魂たちは、どんな繋りを持つのか。かれらに共通するものは、抗争のなかでの敗者たちということだ。少なくとも、泰衡を〝家人〟と組み込む頼朝の論理を借用すればでの話だが。義仲の場合、頼朝の最大のライバルとして内乱初期、平氏を敗走させた。その義仲は義経を介し、近江の粟津《あわつ》で敗死する。この義経は西国で平氏を族滅後、奥州で泰衡により攻撃された。そして義経を衣川で殺した泰衡も、頼朝に敗北する。

この連鎖のなかの宿怨、それは何よりも鎌倉の頼朝にむけられた。義仲・義高も義経も、そして泰衡も、その最期は頼朝の意志が加わっていた。亡魂たちの鎌倉への怨みを結集すること、大河兼任の乱にまつわる風説には、こうした状況が想定できるのかもしれない。

III 修羅の群像

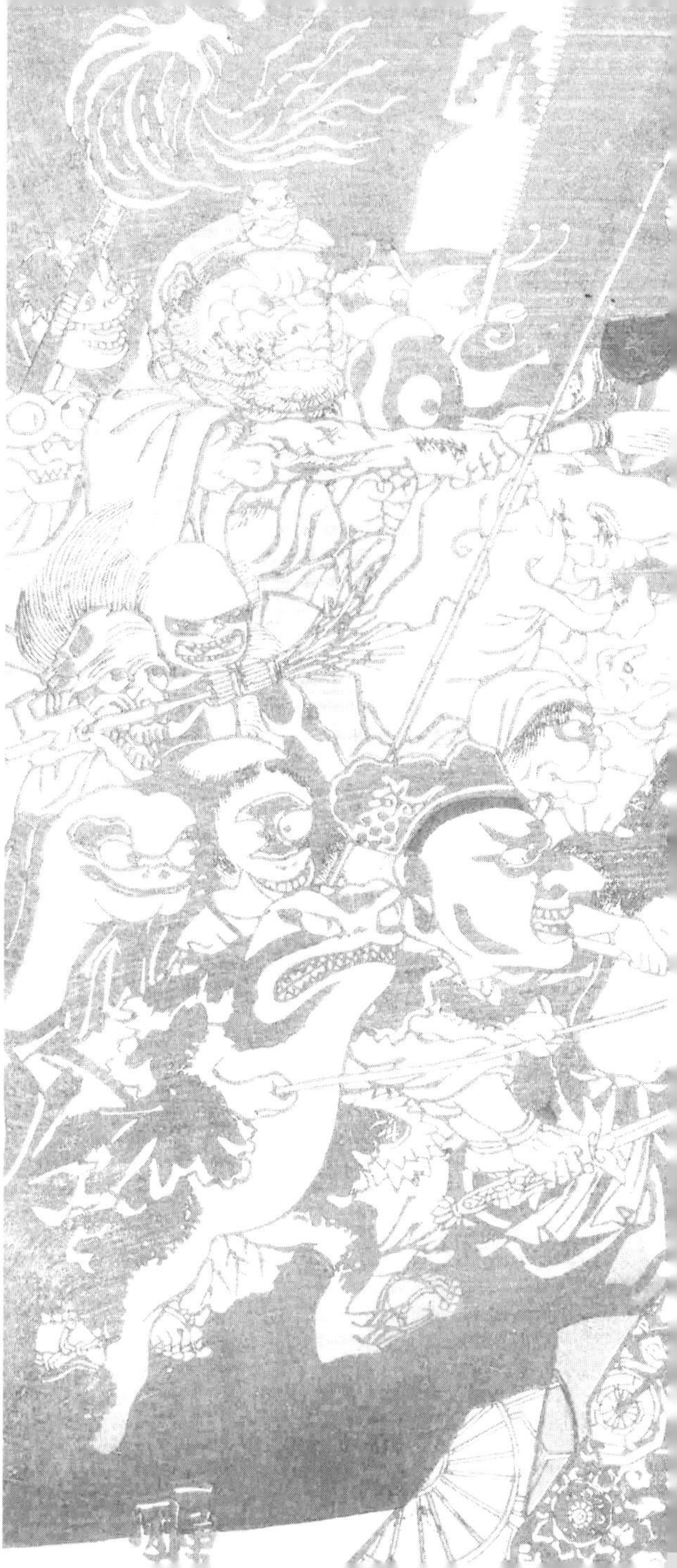

本章では、謡曲的世界を軸に敗れし者の系譜を「修羅《しゅら》の群像」と題して語りたい。悪七《あくしち》兵衛《びょうえ》景清《かげきよ》や建礼門院・安徳帝《あんとくてい》、そして斎藤実盛《さねもり》、さらに佐藤継信《つぐのぶ》・忠信《ただのぶ》兄弟たちである。右の人物たちはいずれも能・謡曲で広く流布しており、さらに歌舞伎の世界でもその活躍は知られている。『平家物語《へいけものがたり》』以下の軍記に取材した能・謡曲は、修羅物が象徴する敗者の鎮魂がテーマとされる。「修羅」の諸相に向けて、関係人物たちを耕すことで、敗れし者の声に耳を傾けたい。

史実と虚構のはざまで、語り継がれてきた人物の足跡をたどる試みだ。また、『曾我物語《そがものがたり》』に取材した曾我兄弟の敵討譚も、中世を切り取るうえでは忘れてはならない。彼らもまた歴史における敗者たちであり、修羅・闘諍の世界の主役をなした。時として御霊信仰と結びつき、神と祀られ鎮魂の対象とされる。

以上、本章で扱った人物の多くは謡曲・能といった中世の芸能分野で語られており、虚実の諸相をわれわれに伝えてくれる。

一　悪七兵衛景清の虚実――敗者の意地

謡曲のなかの景清像

能・謡曲に詳しい読者なら、景清《かげきよ》という人物から連想される場面も多いにちがいない。悪《あく》七兵衛《しちびょうえ》と通称されたこの武人は、平家の侍大将として勇名を馳せた。伝承・伝説で彩られたその境涯は、虚実が同居する。

謡曲『景清』は、壇ノ浦以後の景清を扱うことで、平家武将の悲劇を伝えたものだ。デフォルメされたこの人物を〝隠し味〟にして、救い難い悲劇性が語られている。幕府に疎まれ日向《ひゅうが》に流された盲目の景清を、鎌倉亀ヶ谷に住した娘の人丸《ひとまる》が彼の地を訪れ、再会するまでの悲話が主題となっている。

景清については錣《しころ》引きの話（『平家物語』巻第十一）が著名だろう。この『景清』の演目は日向の盲僧集団などが語り伝えた、伝承的要素も濃いとされる。

かつての猛将景清は、ここでは「日向の勾当《こうとう》」と名乗る盲目の「平曲《へいきょく》語り」として設定されている。「目闇《めくら》景清」とも古くは称されたこの演目は、幸若舞《こうわかまい》（室町後期、幼名幸若丸・桃《もも》

武者絵（「秩父次郎重忠」「悪七兵衛景清（中央）」「景清姉人丸姫」「猪坊主木場七」歌川豊国３世・歌川国貞１世画、東京都立中央図書館蔵）

井直詮《のいなおあき》が、声明《しょうみょう》や平曲を採り入れ創始した声曲）の影響が強いとされる。頼朝を仇とねらう景清は、三十七度にわたりつけ狙うが捕えられる。牢破りの怪力も手伝って、頼朝《よりとも》の温情で助命されるや、己の復讐心を断つため自らの目をくり抜くとのストーリーだ。

謡曲『大仏供養《だいぶつくよう》』もまた、この景清が題材である。頼朝打倒の「宿願」を秘めた景清は、母と対面後、南都に赴き大仏供養に列する頼朝を狙うが、警固の武士に看破され、奮戦しつつ行方をくらますとの話だ。この話の下敷きには、「長門本」の『平家物語《へいけものがたり》』に、薩摩の中務丞宗助《なかつかさのじょうむねすけ》なる人物が東大寺南大門で頼朝を狙った話が見えており、これとの関連も注目される。

それではこの景清は『平家物語』諸本にはどのように描かれているのだろうか。「延慶本《えんぎょう》」では、景清の動静を次のようにふれる。

降人《こうじん》となった景清は、関東に下り和田義盛《わだよしもり》に預けられる。「昔平家ノ侍ニ振舞シ様ニ、ヤ、モスレバ義盛ヲ思蔑《あなど》リテ…」とあるように、景清には平家侍時代の意地もあり、義盛の下風に立つことを嫌った。そのため義盛の要請で八田知家《はったともいえ》が預かることになる。常陸に赴き法師となった景清は、建久《けんきゅう》六年（一一九六）三月十三日の東大寺供養に「先立テ七日以前ヨリ飲食ヲ断チ、湯水ヲモ喉《のど》ヘモスレズ、供養ノ日ニ、終ニ死ニケリ」と見えている。どうやらこの記事が妥当のようだ。

敗者の意地が垣間見られる内容だが、景清に関しては「逃げ上手」「八坂《やさか》本」とか「生き上手」（『四部合戦状本《しぶかっせんじょうぼん》』）との評もあるように、『平家物語』の世界では必ずしもはかばかしい描かれ方ではない。むしろ『平家』的な滅びの美学から遠い所にある人物として描写されている。生への執念が、その後の景清像を決定的なものにしたとも考えられる。

前述の中世後期の謡曲的世界での景清像には、勝者頼朝を最後まで執念深く狙う景清の姿が語られている。あたかもそれは、敗者たる平家の無念を景清に代弁させせ、鎮魂化しているようでもある。

謡蹟とその周辺

近世の浄瑠璃・歌舞伎での「景清物《かげきよもの》」とよばれる一連の作品で、彼は完全に英雄視される。近松門左衛門《ちかまつもんざえもん》『出世景清《しゅっせかげきよ》』や歌舞伎十八番の『景清』はその代表だろう。とりわけ定番となったのが『牢破《ろうやぶ》り景清』の荒事の趣向が庶民の人気を博した。ここには史実をロンダリング(洗浄)する虚構があった。源平時代の武将の虚像の広がりもたしかめられる。

鎌倉の安養院《あんよういん》には謡曲『景清』に登場する娘人丸《ひとまる》の塚がある。磨滅して解読不能の石柱は、昭和初期にこの境内に移されたものらしい。江戸時代の鎌倉の地誌書『鎌倉攬勝考』には、「巽荒神《たつみこうじん》の東の方畠中にあり」と、その所在について見えている。すでに江戸期には、謡蹟としての人丸の存在はクローズアップされていたようで、亀ヶ谷《かめがやつ》付近が当初の場所とされた。

さらに化粧坂《けわいざか》から扇ヶ谷《おうぎがやつ》の途中には、景清の土牢跡と称する場所もある。現在は崩落したやぐら跡にそれらしい説明板がほどこされている。景清人気にあやかったもので、これまた謡蹟の一種だった。

鎌倉に見られる景清あるいは人丸の遺蹟は、時代を超えて人々が共有した口承芸能の豊かさの証といえる。わずかな史実を媒介に点から線へ、そして面へと広げた謡曲や歌舞伎の力の大きさには驚かされる。ドライな史実よりは、庶民は虚実を取りまぜた雄壮で悲しい虚構を好んだのだろう。当然なのかもしれないが……。
観念の実在性は、史実以上の迫力をもって人々を魅了し、時として鎮魂の想いをそこに見出したと思われる。

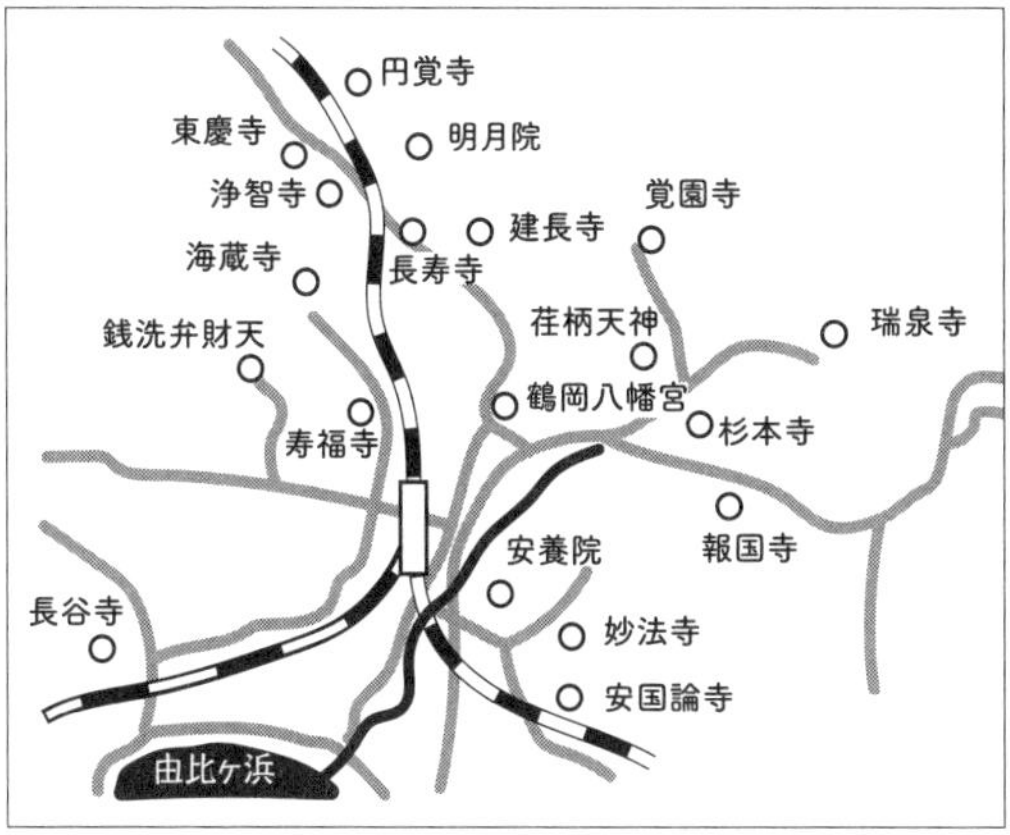

鎌倉略図

史実の景清をトレースする

以下では、景清《かげきよ》の出自をふくめ実像について紹介しよう。景清の父は上総介忠清《かずさのすけただきよ》として知られる。『平家物語《へいけものがたり》』では平家の侍大将として顔をのぞかせ、景清と同じく武名を馳せた人物だった。景清が上総悪七兵衛《あくしちびょうえ》と通称されているのも、父の官職の上総介によった。悪七の「悪」とは、当該期の軍記物にしばしば登場する称で、強い意志を有した者への呼称だった。

秀郷流《ひでさとりゅう》藤原氏に属したこの一族は、平家の有力な侍であるが、貞盛《さだもり》流の伊勢平氏ではない。し

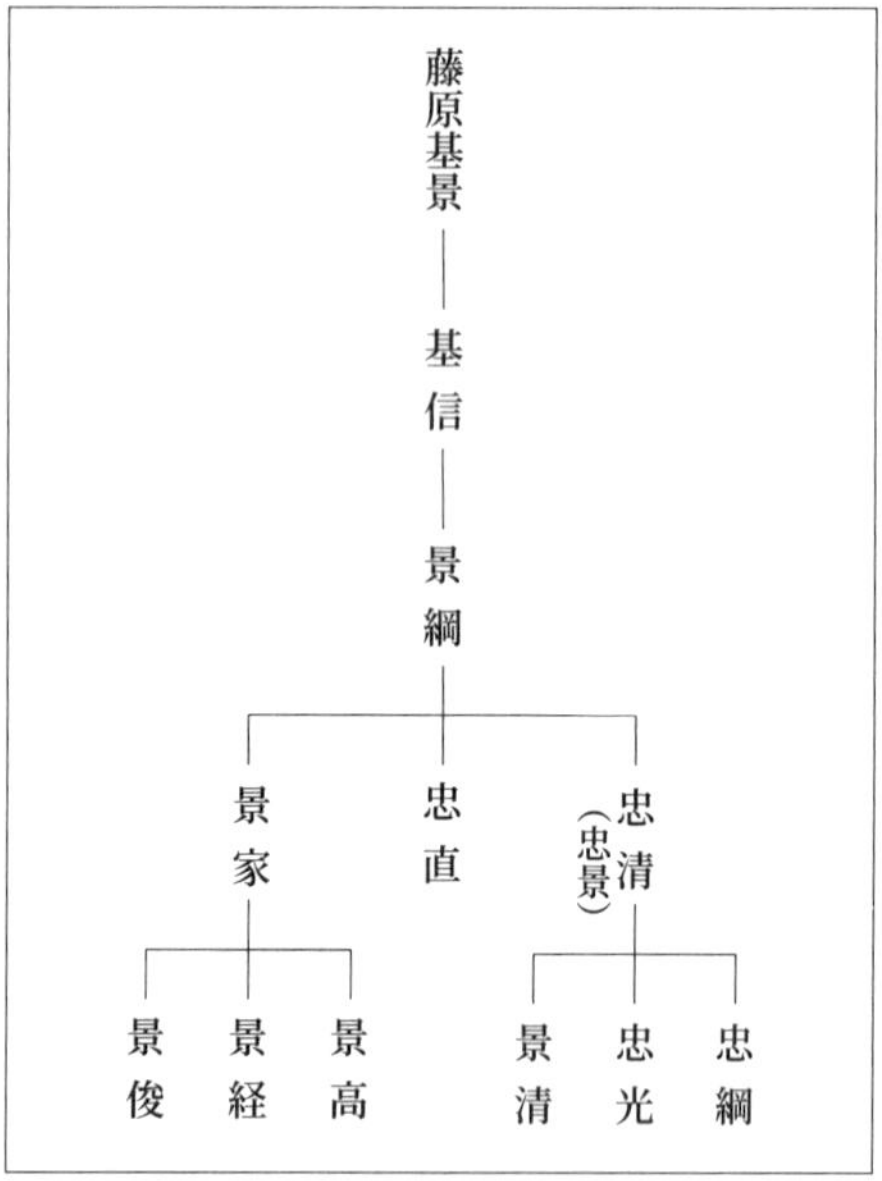

秀郷流藤原氏

ばしば事典などに「平景清」で立項されているが、一考の余地がある。平家一門の越中前司《えっちゅうぜんじ》平盛俊《もりとし》の次男と称する伝が流布し、前述した能・謡曲の類にもそうした記述が見られるようだ。

文学的・芸能的〝構え〟として、藤原氏であろうが、平氏であろうが、出自はさほど問題はないかもしれない。ただし史実の上からは、当該期の武士たちの行動を考えるためにもゆるがせにはできない。

というのも景清の虚像には、多分に平家一門に殉じた盛国《もりくに》―盛俊―盛嗣《もりつぐ》三代に象徴されるような平家侍の意地が、投影されている可能性も高いという。景清自身については、武闘派と目される父の忠清とともに、平家の軍事力の中軸を担っていた。

忠清の上総介への任官は治承《じしょう》三年（一一七九）十一月のことだった。有名な清盛のクーデターにともなう人事である。東国諸国への軍事統率者として、清盛の期待に対応するものだった。景清についても、父忠清の推挙で内乱勃発直後の治承《じしょう》四年（一一八〇）十一月、信濃守就任の要請がなされている（『山槐記』治承四年十一月四日）。信濃に挙兵した義仲を牽制・追討するための布石の人事だった。

前月の富士川合戦の敗北にともなう勢力回復策から出たものであろうが、この人事は沙汰止みとなったようだ。何より当の忠清自身が富士川合戦での責任者であったことも影響したようだ。

それにしても、反乱鎮圧のための軍事力の掌握は急務であり、景清の人事の一件は、平家側にとっては挽回策の表明だった。

忠清の子息として景清以外に忠綱《ただつな》・忠光《ただみつ》の二人が確かめられるが、景清のみに〝景〟の字が付されており、異母兄弟の可能性もある。あるいは忠清の弟の景家とその子景高が〝景〟を共有している点から、景清は養子とも考えられるという。

ただし、「忠清ガ本名ヲバ忠景ト云ケレバ」(「延慶本」、巻第五)と見えることから、父景綱の名を継承し当初忠景と名乗り、その後清盛との関係で改名したとの指摘もある。いずれにしても、忠清(忠景)・景清父子二代にわたり〝清〟の字を名乗っていることからの推測である。

平家の軍事力

景清《かげきよ》とその父忠清《ただきよ》に関連して、平家武力にもふれておこう。『平家物語《へいけものがたり》』に登場する代表的な侍として平宗清《むねきよ》、後藤盛長《もりなが》、平貞能《さだよし》、平盛国《もりくに》、源季貞《すえさだ》、田口成良《たぐちしげよし》、妹尾兼康《せのおかねやす》、難波経遠《なんばつねとお》、湯浅宗重《ゆあさむねしげ》等々が有名だ。

かれら平家侍の多くは、一門に出自を有する者(多くは乳母子《めのとこ》関係)、あるいは平家の知行国・国衙支配の関係など、その結びつきには種々の場合があったようだ。

大雑把にこれを分けると、①一門の諸流に出自を持つ譜代型の家人(侍)、②地方・地域での在地支配のなかで形成された住人型の二つがあった。上総介《かずさのすけ》忠清や悪七兵衛《あくしちびょうえ》景清の場合は、当然前者の譜代型に属した。

平家の軍事力は、一門を軸とする譜代型と住人型の組み合わせで構成されていた。治承《じしょう》四年（一一八〇）十月の富士川合戦での平家軍の構成はその好例だろう。総大将の平維盛《これもり》とこれを補翼する侍大将上総介忠清、さらに東国出身の斎藤実盛《さねもり》という陣容である。忠清が一門の譜代型で、実盛は住人型ということができる。

そうした武力構成の特色はその後の墨俣《すのまた》川合戦でも、あるいは寿永《じゅえい》二年（一一八三）の倶利《くり》伽羅《から》合戦の陣容でも、ほぼ同様の構成だった。後者は木曾義仲との北国合戦の流れのなかでの戦闘で、維盛・通盛《みちもり》など一門の八名を大将軍に据え、その配下に侍大将軍として越中前《えっちゅうぜん》司盛俊《じもりとし》や上総介忠清・景清・飛騨守景家《ひだのかみかげいえ》などの有力武将（譜代型）が配された。そして、これとは別に備中の住人だった妹尾兼康や武蔵の住人斎藤実盛などがくわわっていた（「延慶本」）。こうした中核的軍事力の周辺に、畿内・山陽・西海道諸国からの徴兵武力が広がるという構成だった。

その場合、越中前司盛俊・上総介忠清・飛騨守景家といった一門につらなる侍受領たちが、配されていたことは注目されよう。かれらは地域ブロックの軍政官として役割を期待された。

鎌倉幕府段階の諸国の守護と同日の比ではないにしても、平家一門の有力家人を、越中・上総・飛驒の受領に任じ、国衙支配を介して現地の軍制を掌握する方向といえる。

景清あるいは父忠清といった平家侍に関連して、話が拡大した。その存在と役割について、さらなる議論の余地もありそうだ。

二　建礼門院と安徳天皇

建礼門院と『小原御幸』

「修羅の群像」のテーマの二つ目は建礼門院あるいは安徳《あんとく》天皇である（安徳についてはⅡ章でも別角度でふれたので参照のこと）。両人はその後の伝説・伝承の世界では、不即不離で語られることが少なくない。「先帝入水《せんていじゅすい》」から「小原御幸《おばらごこう》」にいたる流れは、『平家物語《へいけものがたり》』の最期をかざるものとして圧巻だ。

謡曲『小原御幸』は、その『平家物語』（「灌頂巻《かんじょう》」）に拠ったものだ。建礼門院の苦悩に満ちた境涯を、大原の寂光院を訪れた後白河院に語る場面が演出されている。

『平家物語』ファンならずとも有名なこの話は、女人《にょにん》平家の象徴として知られている。幼帝安徳を失い仏門に入り一門の冥福を祈る建礼門院《けんれいもんいん》は、これを訪《おとの》うた後白河院《ごしらかわいん》と対面する。西海での一門の最期の様子を六道輪廻の苦しみになぞらえ、法皇に語る建礼門院の悲劇が主題となっている。叙景と叙情が巧みに織りなされ名場面が展開する。

大納言局《だいなごんのつぼね》（安徳の乳母）、阿波内侍《あわのないし》（信西《しんぜい》入道の孫）を「ツレ」に配し、小袖・水衣姿の建礼

建礼門院を訪問する後白河法皇を描いたとされる「大原御幸図屏風」（東京国立博物館所蔵、出典 ColBase (https://olbase.nich.go.jp)

門院の（「シテ」）の所作と言説には、一門の鎮魂を願う彼女の内面が伝わる。

『平家物語』の内容とさほどの隔たりはなく、史実からも遠くはない。虚構を許さない圧倒的な重みがそこにある。ドラマ仕立てを意識する謡曲『小原御幸』は、建礼門院と後白河院との対面に主軸がある。他方『平家物語』の場合は、「灌頂巻」の巻名からも察せられるように、仏道精進の女院の姿がクローズアップされる。とりわけ読み本系の「延慶《えんぎょう》本《ぼん》」では、一門での西海の様子が長く語られており、情報の豊かさという面で興味深いものがある。

それではその『平家物語』（「延慶本」）で建礼門院が体験した苦しみとはどんなものだっ

たのか。

六道輪廻《りんね》・天人五衰《てんにんごすい》の辛さを建礼門院は次のように語る。

寿永《じゅえい》二年（一一八三）秋、都を追われた一門は一ノ谷・屋島の戦《いくさ》での「修羅ノ闘諍《とうじょう》」を体験、「飢饉《ききん》ノ憂」の餓鬼道の苦しみ、壇ノ浦での「東夷南蛮ノ兵」による阿鼻叫喚《あびきょうかん》の地獄の苦しみ、「男子諸煩悩、女人為業障」による宗盛《むねもり》・知盛《とももり》らとの畜生道の風聞等々。そして二位《にいの》尼《あま》・先帝入水という人間界の歎きが、悲痛な想いで語られている。


建礼門院の存在は一門の亡魂の証《あかし》として、『平家物語』にあっては鎮魂の主役の役割を与えられていた。

冥界の龍宮城

安徳《あんとく》天皇についてはどうか。『平家物語《へいけものがたり》』の一異本とされる『源平盛衰記《げんぺいせいすいき》』（巻四十四「老松・若松剣ヲ尋ヌル事」）には、興味深い次のような話も載せられている。後白河院《ごしらかわいん》から海没した宝剣を捜すべく厳命を受けた義経《よしつね》は、長門壇ノ浦で海士老松《あまおいまつ》・若松《わかまつ》母子の助力を得る。「大日本国ノ帝王ノ御使」として龍宮城に案内された老松は、七、八歳の小児（安徳帝）を抱く大蛇《おろち》とともに、その口にくわえられた宝剣をみる。龍王の大蛇は老松に、「宝剣は日本国の宝ではなく、龍宮城の重宝であり、返却はかなわぬこと」を伝えられる。龍王はその理由を次のように語った。「かつて龍王は王子の一人を勘当したこと。その子は出雲の簸川《ひかわ》（肥川）に降り立ったこと。八俣大蛇《やまたのおろち》と称した龍王の子は、素盞烏尊《すさのおのみこと》のために退治され、その胎内から取り出された剣は天照大神《あまてらすおおみかみ》に献ぜられたこと。やがて景行《けいこう》天皇の時代に日本武尊《やまとたけるのみこと》は東征に際して、その剣を与えられたこと。その後も胆吹《いぶき》山にあって大蛇となり剣を奪還しようとしたが、叶わなかったこと。そして、ついにはかつての簸川の大蛇は安徳天皇に転生し、奪還がかなったこと」等々の詳細なる話だった。要は源平の争乱は宝剣奪回の機会でもあり、結果として龍宮に安徳天皇とともに宝剣が返還されるにいたった事情を伝えるものだった。

龍王城の安徳天皇のそばには、清盛《きよもり》一門が列座しており、不気味な冥界での世界が見えたという。以上が老松によって語られた中身だった。

なかなかよく出来た話だろう。「玉体浮バジメタマハズ」とは、（『吾妻鏡』文治元年三月二十四日条）が伝える場面で、海没後にも安徳帝は発見されなかった。『源平盛衰記』の宝剣説話は、そうしたことを巧みに織り込み語ったもので、『古事記《こじき》』『出雲国風土記《いずものくにふどき》』も加味した構想力の豊かさに脱帽させられる。

安徳帝を祀る長門の赤間関《あかまがせき》神宮も、その龍宮がイメージされており伝承が現実化されている。

壇ノ浦からの関門橋と門司城跡

龍宮といえば鎌倉の江島《えのしま》神社もそうだ。弁才天が本地たる江島は、その付近には龍ノ口《たつのくち》の地名もあり、そこからもわかるように、弁才天は龍神と同体だった。

ちなみに頼朝《よりとも》の死は、安徳天皇の怨霊が取り憑いたためとの話がある。『保暦間記《ほりゃくかんき》』に載せるもので、俗説だがおもしろい。

相模川の橋供養の帰途、頼朝は江島に近い稲村ヶ崎から由比浜辺りで落馬したのだという。安徳の怨霊の故《ゆえ》だったと『保暦間記』は指摘する。鎌倉も安徳の亡霊が漂う場所として記憶されていたのだろうか。龍宮・龍神とのかかわりあうスピリチュアル・スポットなのか。安徳天皇＝龍神説がそうした解釈を生み出したことは、それなりに根拠がある。

平氏の怨霊と改元

壇ノ浦《だんのうら》で族滅した平氏の怨念について、改元にまつわる次のような話もある。平氏族滅から三ヶ月後の七月九日、京都は大地震に見舞われる。「在々所々ノ神社仏閣、皇居人家、一宇モ全キハ無シ、鳴声ハ雷《いかずち》ガ如シ……、地響テ巌谷ニ躅《つまづ》キスレリ、老少共ニ魂ヲ消シ」（「延慶本」、第六末）との惨状だった。「平家ノ怨霊ニテ世ノ中ノ失フベキノ由」との世評だった。十善帝王たる安徳《あんとく》帝が都を責め落とされ、自らを海中に沈めたこと、さらに平氏一門の都大路での首渡という行為が、こうした天変を招いたという。

九条兼実《くじょうかねざね》の『玉葉《ぎょくよう》』でも「源平ノ乱ニヨル罪ノ報」（元暦二年八月一日条）を指摘する。この大地震の一ヶ月後の八月十四日、年号は「元暦《げんりゃく》」から「文治《ぶんじ》」へと改元された。「平家ノ怨霊」が改元の大きな理由とされた。

建礼門院《けんれいもんいん》や安徳天皇は入水することで、運命に殉ずることを選択した。建礼門院についていえば憂き世にながらえ、安徳と一門の後世《ごせ》を弔うことになる。自らの意思とは異なる形で一門の鎮魂の道を選ばざるをえなかった。建礼門院という〝悲劇〟が『平家物語《へいけものがたり》』を母胎にデフォルメされることになる。

虚実の皮膜《ひまく》といえば、壇ノ浦入水場面での『吾妻鏡《あづまかがみ》』との相違もある。安徳天皇・建礼門院そして二位尼《にいのあま》、三者の関係は興味深い。かりに『吾妻鏡』を信ずれば、八歳の安徳を抱いていたのは按察局《あぜちのつぼね》であり、『平家物語』のように二位尼時子《ときこ》ではなかった。『愚管抄《ぐかんしょう》』には「二位抱キマヒラセテ、神璽《しんじ》、宝剣取リ具シテ海ニ入ニケリ、ユユシカリケル女房ナリ」とあり、安徳を抱いた人物が二位尼らしき記述はうかがえる。このあたりは『平家物語』に近い。虚構の構え方としては、孫を抱く祖母の構図が伝承・伝説の広がりとしても、説得力がありそうだ。

それにしても、前述の『愚管抄』が「ユユシカリケル女房」と語ったように、安徳帝をともない入水した時子への非難もあったようで、その気丈さが悲劇性に彩りをそえることとなった。建礼門院の不幸は、わが子安徳の命運を他者に委ねなければならない、自身の辛さだったかもしれない。

「修羅」の闘諍

昨今の研究によれば、後白河院《ごしらかわいん》の女御となった平滋子《じし》所生の高倉《たかくら》天皇と、これに入内した平徳子《とくし》所生の安徳《あんとく》天皇の二代の流れを、「平氏王朝」とよぶ理解もある。以下では、この高倉—安徳天皇にいたる流れを史実に即し簡略にふり返っておこう。

謡曲『敦盛《あつもり》』に「平氏、世ヲ執ッテ二十余年……」と語られているように、平治の乱以降に頭角をあらわした清盛、その清盛が武人ながら太政大臣にまで昇りつめ、一門の繁栄を導くにいたった流れは、まさに二十年余りということになろう。

正盛《まさもり》―忠盛《ただもり》―清盛《きよもり》と続く伊勢平氏の中央政界進出のきっかけは、白河院《しらかわいん》時代の平氏登用が大きかった。海賊追捕で武名をはせた忠盛は鳥羽院《とばいん》に重用され、その後清盛は保元《ほうげん》・平治《へいじ》の乱で後白河院との関係を深めるにいたった。

清盛の朝堂での権力掌握には、高倉《たかくら》天皇の即位が大きい。仁安《にんなん》三年（一一六八）、六条《ろくじょう》天皇にかわり八歳の高倉天皇が皇位に就いた。六条天皇は二年前に父の二条天皇の意を受け二歳で即位した。親政を志向する二条天皇と、その父後白河天皇とは反りが合わなかった（『愚管抄』巻五）。しかし二条は若くして没し、その子六条が幼少で即位した。が、有力な後見《こうけん》を持たない六条は、結局、後白河院に寵愛された平滋子（建春門院）所生の高倉天皇に譲位せざるを得なかった。

その前年、清盛は太政大臣になり、重盛・宗盛も左右大将のポストを得て朝堂での一門の権勢は拡大する。清盛の娘徳子の高倉天皇への入内は承安《じょうあん》元年（一一七一）のことだった。清盛は氏神の厳島社に祈願、治承《じしょう》二年（一一七八）十一月、念願の安徳天皇の誕生を見る。

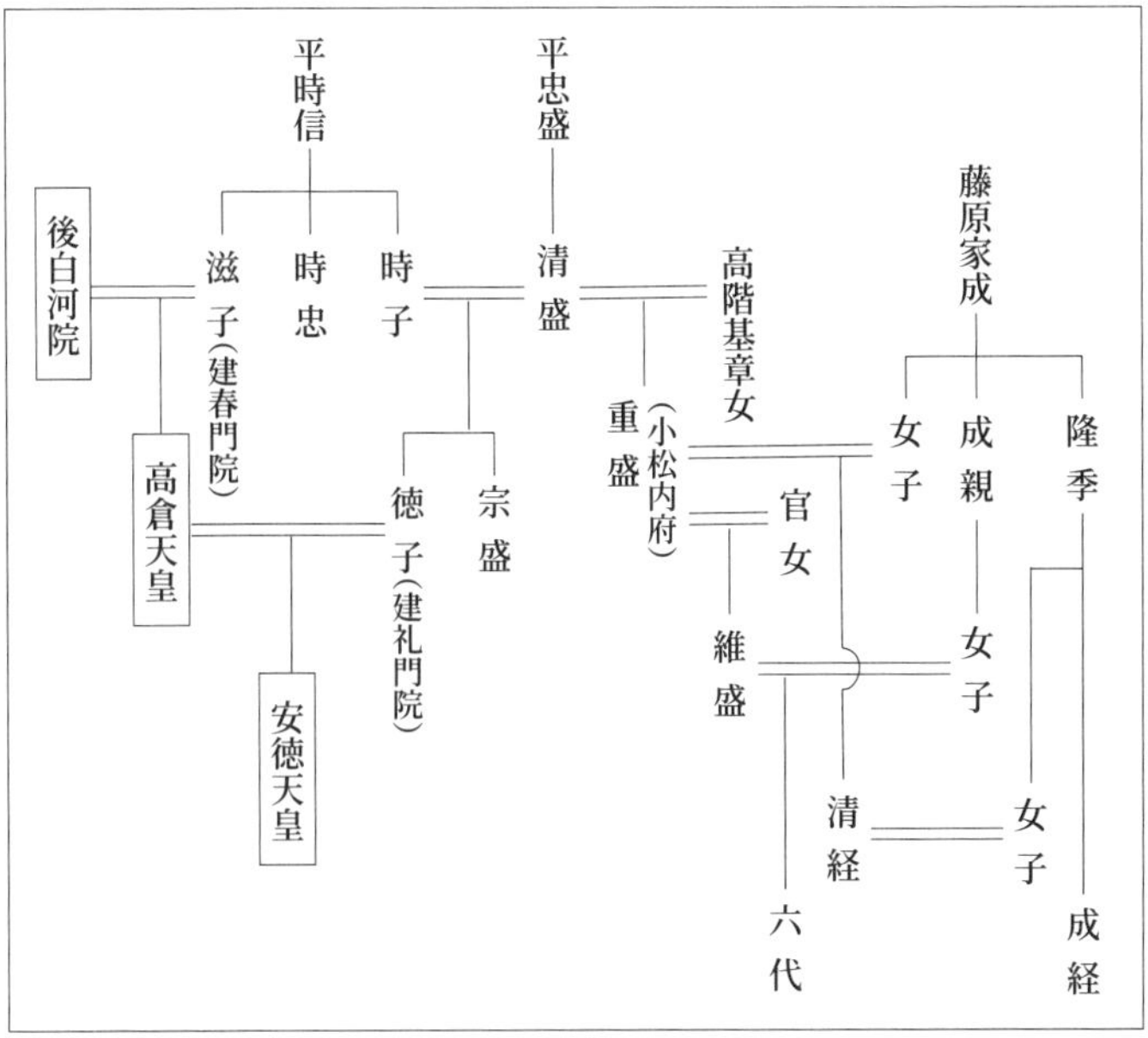

〈平家門の婚姻ネットワーク〉

この間、建春門院《けんしゅんもんいん》（滋子）が疫病で死去するにおよび、後白河院と清盛の関係も冷ややかなものになってゆく。治承元年、藤原成《なり》親《ちか》・俊寛《しゅんかん》らが中心となった鹿ヶ谷《ししがたに》の密謀事件は、反清盛勢力によるクーデター未遂事件だった（Ⅱ章参照）。

首謀者の一人とされる成親《なりちか》については、系図からもわかるように、その妹が重盛に嫁し、さらに重盛《しげもり》の子維盛《これもり》・清経《きよつね》はともに成親と縁戚関係にあった。それだけに一族内での衝撃も大きかった。このあたりは『平家物語《へいけものがたり》』や『愚管《ぐかん》抄《しょう》』を軸にすでにふれたところだ。

　重盛は成親《なりちか》の減刑を清盛に取りなしたが、はかばかしい結果は得られなかった。その重盛も鹿《しし》ヶ谷《がたに》事件の二年後、治承三年（一一七九）七月に没することになる。

　摂関家の藤原基実《もとざね》に嫁した清盛の娘盛子《せいし》（白河殿《しらかわどの》）の死去にともなう遺領問題、あるいは重盛の越前国の家領問題もあり、清盛は後白河院と対立を来し、治承三年十一月、後白河院を伏見の鳥羽殿に幽閉することになる。

　義父清盛と実父後白河院との対立での心労も重なったためか、高倉天皇も翌年治承四年の二月没した。かくして安徳天皇が三歳で即位する。後白河院第二皇子以仁王《もちひとおう》の挙兵はこの二ヶ月後のことであった。

三　斎藤別当実盛と幽霊

謡曲『実盛』の世界

「無残かな　かぶとの下の　きりぎりす」

俳人松尾芭蕉《まつおばしょう》が加賀・篠原《しのはら》（石川県加賀市）の古戦場で、敗者斎藤実盛《さねもり》を偲《しの》んだ一句だとされる。「鎮魂」云々でいえば、『平家物語《へいけものがたり》』での実盛にも謡曲・能の世界ではドラマを与えた。墨染めの白髪で死地を求め、奮戦するその姿は感涙をさそう。

斎藤実盛は後述するように、木曽義仲《よしなか》とのかかわりが深い。かつて命を救った義仲と宿命的な闘いを強いられた平家侍・実盛の姿は、これまた源平の相剋を彩る一齣だった。

謡曲『実盛《さねもり》』は世阿弥の作品とされる。『満済准后日記《まんさいじゅごう》』（応永二十一年五月十一日条）に「斎藤別当《べっとう》真（実）盛ノ霊、加州篠原ニ出現ス、遊行上人《ゆぎょうしょうにん》逢フ、十念《じゅうねん》ヲ授《さず》クト云々」と見えており、篠原で遊行上人が実盛の霊に遭遇したとの一件が話題となったようで、世阿弥はこれを情報源に『平家物語』が語る実盛像をより劇的なものへと演出した。その限りでは『平家物語』での実盛像の流布・拡大に一役買ったことは疑いない。

以下「謡曲」でのストーリーを簡単に紹介する。

加賀国篠原の里、実盛の首洗い池でのこと。他阿弥上人《たあみしょうにん》の法談の場に出現した実盛の霊は念仏を称《たた》え、修羅の苦しみでの心情を語り消えてゆくとの流れだ。最後の闘いの場で老武者たることの侮《あなど》りを拒《こば》む実盛は、白髪を染め戦場に臨もうとした。自身の故郷での戦にさいし、総大将平宗盛《むねもり》に赤地 綿 垂 直《あかじのにしきのひたたれ》を許され、源氏の大将義仲《よしなか》に挑むが、手塚太郎《てづかたろう》の手にかかり無念の最期を遂げた。『平家物語』の内容をふまえ、「影も形もなき跡の、影も形も南無阿弥陀仏、弔ぶらひたび給へ」(『謡曲百番』「実盛」)と、自らの回向《えこう》を願い消えてゆくという設定だ。

謡曲が取材する修羅《しゅら》物の多くは、「シテ」方に平家の公達《きんだち》が設定される。「中将面《ちゅうじょうめん》」を着するのがならわしだ。だが、老武者実盛のイメージとして笑尉《しょうじょう》(朝倉尉)が用いられる。他の修羅物と比べ、いささか趣向を異にする。

それはともかく、原典たる『平家物語』では、戦場における戦いの模様がふんだんに盛り込まれている。物語的な構成で大差はないが、能・謡曲では鎮魂への想いが強い扱いとなっている。

鎮魂云々の関連でいえば、「虫送り」の行事にも実盛はかかわる。稲作での呪術的行事の「虫送り」は、稲に虫がつくことを嫌い悪霊の所為と解した。虫を捕えこれを村の外へと送り出す行事で、北陸地域では「実盛祭」とも呼称されている。敗れし実盛が御霊《ごりょう》信仰と結びついたものとされる。

篠原の幽霊

実盛《さねもり》が討たれた寿永《じゅえい》二年（一一八三）の篠原《しのはら》合戦は、『吾妻鏡《あづまかがみ》』が欠巻なので、『延慶《えんぎょう》本平家《へいけ》物語《ものがたり》』に即し見ておこう。

義仲《よしなか》は信濃の横田河原《よこたがわら》の合戦で平氏与党の城長茂《じょうながもち》に勝利し、北国の越後・越中・加賀・越前と進撃する。巻き返しを策す平氏は寿永二年四月、西国からの軍勢十万を北国に向け出撃させる。維盛《これもり》・通盛《みちもり》・忠度《ただのり》など大将軍六人の布陣で義仲軍の越前火燧《ひうち》城を攻略、その後加賀方面でも平氏は戦局を有利に進めたが、同年六月の越中砺波《となみ》山の倶利伽羅《くりから》峠で大敗を喫す。

その倶利伽羅合戦で敗れた平氏勢は、加賀の篠原《しのはら》・安宅《あたか》に布陣、義仲軍への迎撃態勢をと

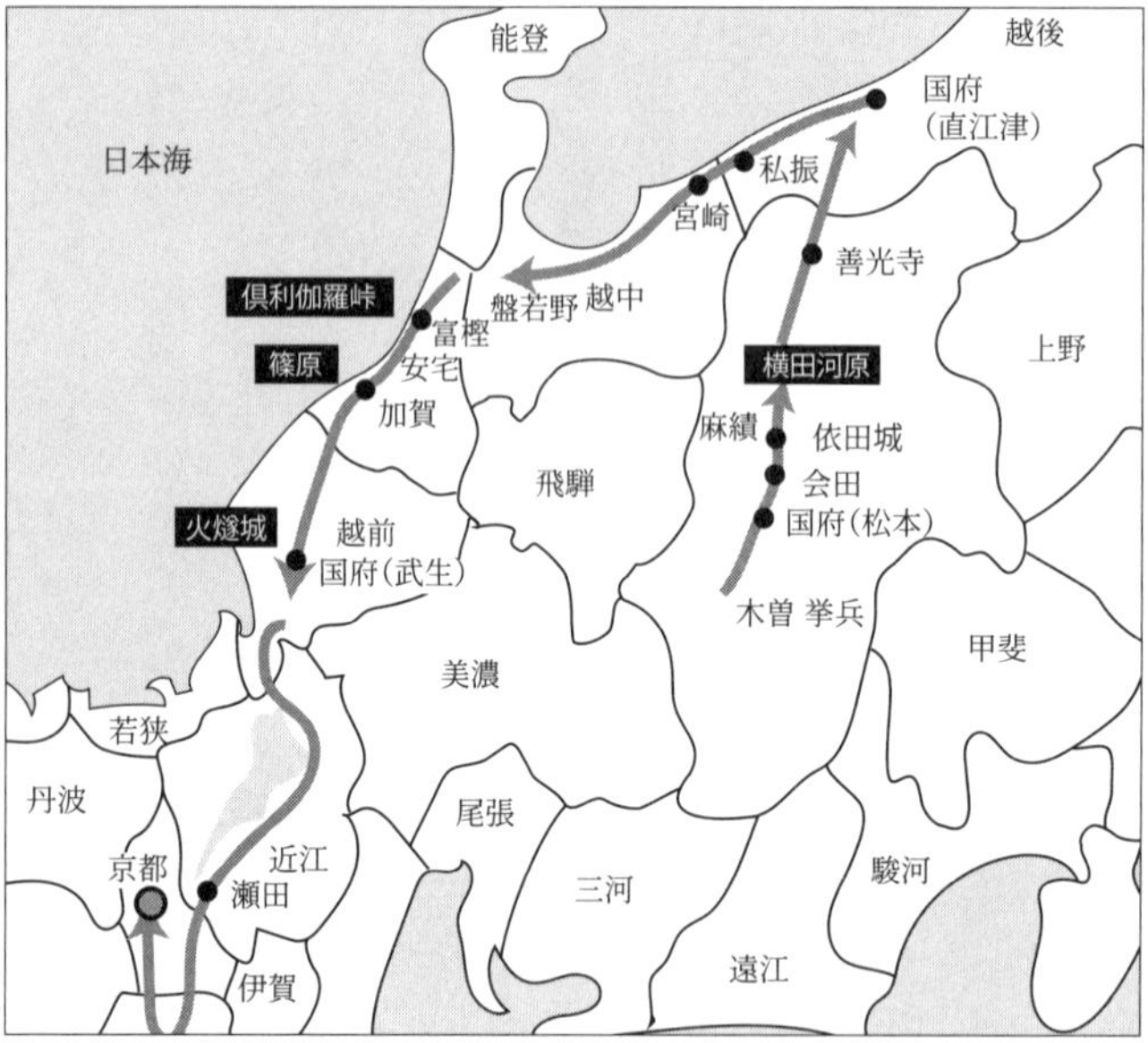

木曽義仲の進路

る。実盛の討死はまさにこの状況でのことだった。

「イヅクニテモ死ナム命ハ同ジ事」との諦念から、実盛は篠原の地に踏みとどまり信濃国住人手塚光盛《てづかみつもり》と戦い敗死する。手塚は実盛の首級を義仲の前に供した。

戦さの経緯を手塚は義仲に次のように語った。

「名乗レ」ト申候ツレドモ、ナノラハデ、「木曾殿ハ御覧ジ知タラム」ト申テ、終《つい》ニ名乗り候ハズ、……錦ノ直垂《ひたたれ》ヲ着テ候、大将軍カト存候ヘバ、継ク勢モ候ハズ、西国サマノ御家人カト思候ヘバ、音《こえ》ハ坂東音ニテ候ツ。

これを聞き義仲は実盛であろうと直感するが、「髪ノ黒キハ怪ケレ」とこれを洗わせたという。

齢《よわい》六十とも七十とも伝える実盛の死は、坂東武士の意地を示したものだった。源氏の義朝《よしとも》没落後、平家に従う東国武士は少なくなかった。その後の頼朝あるいは義仲の挙兵で、多くは再度源氏に従軍していった。だが、実盛は平家に殉じた。この北国合戦でも、実盛は維盛を総大将とした追討軍に従った。維盛への従軍は富士川合戦以来だった。

その維盛との関係も深い。実盛の子息斎藤五宗貞《ごむねさだ》・斎藤六宗光《ろくむねみつ》兄弟も、六代《ろくだい》（維盛の子）に仕えていたことが「延慶本」に見えている。平氏滅亡後、頼朝の命令で平氏一門の残党狩りが徹底されたおり、大覚寺付近に隠れ住む維盛の子六代御前《ろくだいごぜん》が捕縛される。文覚《もんがく》に預けられた六代を献身的に支えたのが、この斎藤兄弟だった。そこにも実盛の遺志が受け継がれたようだ。

実盛と義仲

実盛《さねもり》は利仁《としひと》流藤原氏の流れに属す。越前斎藤氏の祖とされる利仁も伝説の武人だろう。御伽草子『田村《たむら》』では坂上田村麻呂《さかのうえたむらまろ》と利仁《りじん》将軍が〝合体〟した田村利仁《たむらとしひと》なる人物の祖型を提供する。このスーパーマン的主人公をモチーフに観音の仏力で異類を討伐するというのが、謡曲『田村』のストーリーである。

利仁流は、越前・加賀など北陸方面で領主化した武士団で、『義経記《ぎけいき》』にも名を残す富樫《とがし》一族や、頼朝の山木兼隆《やまきたねたか》襲撃に参じた加藤景廉《かげかど》、さらには『平家物語《へいけものがたり》』で維盛《これもり》と関係深い滝口入道時頼《ときより》などは、いずれも利仁流に属していた。

父は実直《さねなお》で、実盛は祖父実遠《さねとお》の猶子《ゆうし》だった。武蔵国長井《ながい》庄を領有、ここを拠点としたために長井を名乗ったという。以前にふれたとおり、『平家物語』には富士川合戦の場面でも実盛は顔を見せている。

治承《じしょう》四年(一一八〇)十月、その富士川合戦において、追討軍の侍大将格として見える。若き大将軍平維盛の補佐役として、東国の事情に通じた実盛が登場する。大軍を率い東海道を下向する維盛軍に対し、親の屍《かばね》を乗り越え戦う坂東武者の勇猛果敢さを伝える実直な武人として、実盛は位置づけられていた。

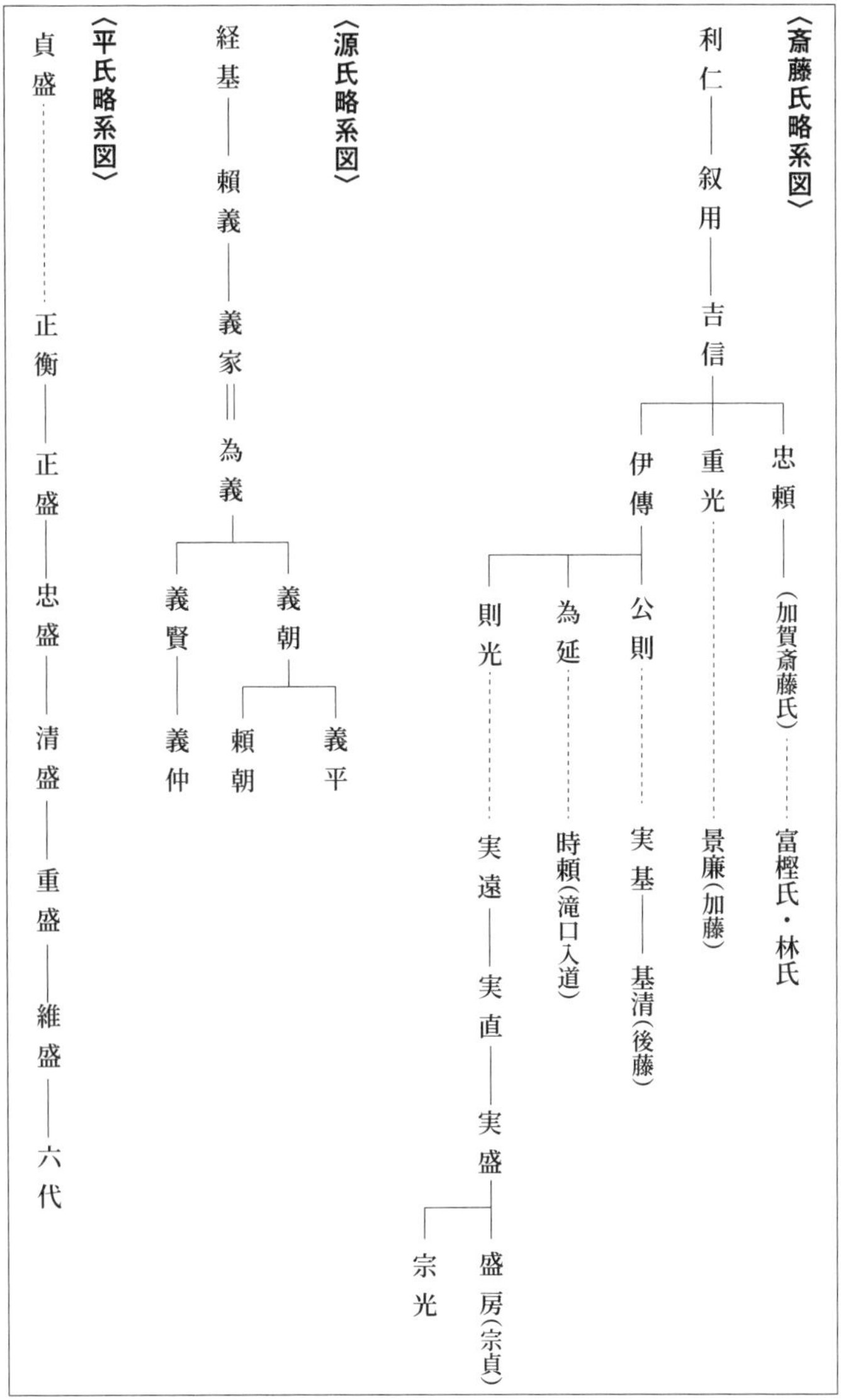
〈斎藤氏略系図〉
利仁
叙用
吉信
忠頼
重光
伊傳
（加賀斎藤氏）
富樫氏・林氏
景廉（加藤）
公則
実基
基清（後藤）
為延
時頼（滝口入道）
則光
実遠
実直
実盛
盛房（宗貞）
宗光
〈源氏略系図〉
経基
頼義
義家
為義
義朝
義平
頼朝
義賢
義仲
〈平氏略系図〉
貞盛
正衡
正盛
忠盛
清盛
重盛
維盛
六代

富士川合戦での平氏潰走は、その実盛の語りを前提に描写されている。平氏が主力とした西国武士たちの対比として効果的な演出となっている。実際にそうした言説を実盛が維盛に伝えたかどうかは、定かではない。が、『平家物語』の作者が坂東武者の代表たる実盛を介し、彼我《ひが》の武者ぶりの相違を伝えようとしたことは、たしかである。

篠原合戦とともに、この富士川合戦では、実盛の平家侍たる位置が語られている。元来、源氏の家人だった実盛は、平治《へいじ》の乱での義朝《よしとも》の敗北で平家に属した。この点はすでにふれた。実盛と源氏との関係は保元《ほうげん》・平治以前にさかのぼる。義朝の長子義平《よしひら》は、叔父義賢《よしかた》を保元の乱の前年久寿《きゅうじゅ》二年（一一五五）、武蔵大蔵館《おおくらやかた》に攻略し義賢を敗北させた。二歳だった義賢の子義仲《よしなか》は実盛に助けられ、信濃の中原兼遠《かねとお》に育てられることになる。義賢は秩父《ちちぶ》氏（良文流平氏）の婿で、これを後楯に上野国から武蔵へと勢力拡大させていた。それが相模から武蔵へと進出をはかる兄義朝との対立を招くことになった。大蔵合戦の背景にはこんなことがあった。

篠原合戦で義仲が実盛の死に特別なる想いを抱くのも、「実盛モ義仲ガ為ニハ七箇日養父、危キ敵ノ中ヲ計ヒ出ダシケルソノ志、争テカ忘ルベキ」（『源平盛衰記』巻第三十）と語らせている。多少の虚飾を差し引くにしても、義仲の心情を評したものだった。

東国武士団の諸相

以下では、実盛《さねもり》以前の東国事情を史実に即して簡略に記しておく。懸案の謡曲的世界とは異なる、史実の重みをおさえておきたい。「武士」の来歴を考えることに繋がるためだ。

十世紀後半から十一世紀は、将門の乱の功臣たちが軍事貴族の地位を与えられ、王朝国家の軍事機構の担い手となった時期だった（この点はⅠ、Ⅱ章でもふれた）。源経基《つねもと》に代表される源氏の武力は、「都ノ武者」として活躍、摂関家の侍として侍受領《さむらいずりょう》の地位を確立した。その後の東国方面への足場は、源頼信《よりのぶ》による平忠常《ただつね》の乱の平定、頼義《よりよし》・義家《よしいえ》による前九年・後三年合戦での武功にともない、王朝的武威を東国へと移植することに成功する。

義家死後の源氏一門の内紛をへて、義家の孫為義《ためよし》の時代には一時的に弱体化の傾向をたどる。その後義朝《よしとも》やその弟義賢《よしかた》の登場で、上野・武蔵・相模をふくむ南関東への進出をはたすことになる。

将門の乱後の功臣勢力たる貞盛《さだもり》流平氏については、多く関東の諸地域に繁茂することになったが、その一流に伊勢・伊賀方面で拠点化を進めた清盛《きよもり》の伊勢平氏がいた。ただし、多くの坂東平氏諸流は当該地域の在地領主として成長していった。良文流の秩父平氏に代表される諸流は、源氏とは異なる途を選択することになる。

そして秀郷《ひでさと》流藤原氏である。下野国の出身だった秀郷の北関東方面での影響力は大きく、論功で鎮守府将軍ポストを与えられ、その勢力は陸奥方面へと拡大する。

以上、〝おさらい〟風に「兵」（つわもの）から「武士」（もののふ）への大局的流れを略記した。ともかく、最終的には、そこには源平の相剋をふくむ〝内乱の十年〟で、源氏の頼朝が清盛流の平氏を打倒し、その後は秀郷流の奥州藤原氏を滅亡させるとの壮大な見取図を描くこともできそうだ。

そうした点では、源平の争乱から奥州合戦にいたる頼朝の戦争とは、将門の乱後に創出された王朝国家の軍事貴族（経基流・貞盛流・秀郷流の三流）のへゲモニーの最終争奪戦との理解も可能となる。

四　佐藤継信・忠信――奥州の鎮魂

佐藤兄弟と謡曲『摂待』

義経《よしつね》の従者として知られる佐藤継信《つぐのぶ》・忠信《ただのぶ》兄弟をご存じだろうか。『平家物語《へいけものがたり》』をはじめ室町期の『義経記《ぎけいき》』でもその活躍が知られる。謡曲世界でも、彼らの活躍が語られている。この兄弟を語るにあたっての射程には、敗れし者・奥州藤原氏も据えられることになる。『摂待《せったい》』という作品がある。弁慶の活躍で知られる『安宅《あたか》』の後続版といってよい。山伏に紛した義経一行が佐藤継信・忠信兄弟の館におもむき、その母に兄弟の最期を語るというものだ。『平家物語』を土台に、『義経記』の内容を採り入れたもので、独自の仕立てとなっている。

主役は弁慶でも、そして義経でもない。わが子に先立たれた佐藤兄弟の老母であり、兄弟の遺児鶴若《つるわか》の存在である。奥州入りの道すがら、佐藤庄司《しょうじ》の館に立ち寄る義経をはじめとする十二人の山伏たちは、佐藤館で老母のもてなしを受けながら、忠節を尽くした佐藤兄弟の姿を伝える。とりわけ、継信の屋島合戦での最期の場面は痛ましい。佐藤継信の勇姿は勝《かち》修羅《しゅら》の名作『八島《やしま》』にも登場するが、継信が登場する『摂待《せったい》』はまた格別なものがある。この謡曲の主眼は老母の悲しみとともに、義経一行に同道しようとする遺児鶴松の健気《けなげ》さだった。『摂待』には義経のために犠牲となった佐藤兄弟と、その母への哀悼《あいとう》が表明されている。

福島市郊外の飯坂温泉に近い医王寺《いおうじ》には、佐藤兄弟とその父基治《もとはる》の供養墓と伝えられるものがある。伝承とはいえ、摩滅した墓石は年輪を感じさせる。ここが信夫《しのぶ》の庄司佐藤氏の菩提寺であったことは動かず、基治の建立と伝えられる薬師堂は歴史の重みが伝わるようだ。

後述するように、この基治は阿津賀志山《あつかしやま》合戦で奥州軍として参陣、討死した人物だった。医王寺は佐藤一族の鎮魂の寺だった。

佐藤兄弟の供養塔は幾つかある。意外と知られていないのが、京都東山区の正林寺《しょうりんじ》(平重盛の小松邸跡・馬町)付近のそれだ。そして有名なのはやはり讃岐《さぬき》・高松の古戦場にある供養碑である。屋島合戦で主君義経の身替りになって死んだ継信の忠節を顕彰したものだ。以下ではこうした伝承的世界の話をふまえつつ、史実に即した佐藤兄弟の足跡もおさえておこう。

佐藤継信と屋島合戦

佐藤兄弟のうち美談として語られるのは、やはり屋島合戦での兄継信《つぐのぶ》の犠牲的行動だ。弟の忠信《ただのぶ》は、『義経記《ぎけいき》』では弁慶とともに静御前《しずかごぜん》の護衛役を演じているが、兄に比べいささか分が悪い。忠信は京都において潜伏中、発見され自害したとある（『吾妻鏡《あづまかがみ》』文治二年九月二十二日条）。「往日密通ノ青女ヲ尋ネ」たことが仇《あだ》となったもので、兄の継信の壮絶な最期と比べ、いささか気の毒さがただよう。

佐藤継信（『英雄百首』国立国会図書館蔵）

一方の継信は『吾妻鏡』に簡略ではあるが、勇士たるにふさわしい最期が語られている。そして、そこには継信の死にちなむ主君義経《よしつね》の悲歎も語られている。

廷尉《ていじょう》ノ家人《けにん》継信射取ラレヲハンヌ、廷尉ハナハダ悲歎シテ一口《いっく》ノ衲衣《のうえ》ヲ屈シテ千株松《せんしゅまつ》ノ本ニ葬ル　（元暦二年二月十九日条）

と見えている。義経は後白河院《ごしらかわいん》から賜

った秘蔵の名馬、大夫黒《たいふぐろ》を弔いの僧に与えたという。「コレ戦士ヲ撫スル計《はからい》ナリ」と、『吾妻鏡』は継信への鎮魂と供養の様子を語る。『平家物語《へいけものがたり》』（「延慶本」）は、この継信の最期をよりドラマチックに語る。謡曲『八島《やしま》』は既述のように、義経を主人公とした演目だが、ここに見える継信最期の場面はこの「延慶本」に取材したことは明らかだ。

ここには「黒革縅ノ鎧《よろい》ニ黒ツバノ征矢」を負う継信の勇姿が語られている。能登守教経《のとのかみのりつね》の矢を受け落馬する継信、その首を取るべく駆けよる教経の従者菊王《きくおう》、これを阻止すべく菊王を射る弟忠信の奮戦、等々がみごとに活写されている。

そして瀕死の継信は義経に「君ノ平家ヲ責落給テ、日本国ヲ手ニ握ラセ給、今ハ斯フト思《おほしめ》食シ候ハンヲ見進《まいら》テ候ハバ、イカニ嬉シク候ハン、今ハ夫《それ》ノミゾ心ニ係リテ覚候ヘ」（平家を責落とし、日本国を手中にされて、今はこう成ったと思わせる君のお姿を見たかった、それだけが心残りです）と語り死んでゆく。

芝居じみているとはいえ、いかにも「ありそうな」場面として人々の感動をさそう。その点では一呼吸おいて、ドライに出来事を叙述する『吾妻鏡』とは趣を異にする。当然、両者は焦点の絞り込みが異なるわけで、『平家物語』も補完的な形で相互に利用されるべきだろう。

ちなみに、継信の後世《ごぜ》を弔うために僧に与えた「大夫黒」について、『平家物語』には興味

屋島合戦(「海北友雪《源平合戦図屏風》」部分、東京富士美術館蔵、「東京富士美術館収蔵品データベース」収録)

深い話も見えている。それは義経が奥州を出るおり、秀衡《ひでひら》から与えられた「薄墨《うすずみ》」という逸物の馬であったという。義経は、一ノ谷合戦でもこれに乗り、やがて判官五位の尉に任ぜられたおりも、これに乗ったことから「大夫黒」(五位を大夫と称したので)と名づけられたとある。

『吾妻鏡』では「院ノ御厩ノ御馬ナリ、行幸ノ供奉ノ時、仙洞《せんとう》ヨリコレヲ給フ」との説明がほどこされている。これが秀衡からの賜り物か、院からのものなのか、はっきりしない。いずれにせよ、秘蔵の名馬だったことに変わりはなく、頼朝からの賜り物ではなかったところが興味深い。

継信への鎮魂にかかわるとすれば、やは

り秀衡からの奥州産の名馬であった方が興味深いのだが、いかがであろうか。

奥州藤原氏と佐藤氏

佐藤兄弟の出自は少しやっかいである。父は「佐藤系図」に元治《もとはる》とある。母は『平治物語《へいじものがたり》』に上野国の大窪太郎《おおくぼたろう》娘と見える。父の元治は基治とも表記される。その出自については、「結城系図」あるいは「御館《みたち》系図」などでも区々に分かれるようだ。

『吾妻鏡《あづまかがみ》』で継信《つぐのぶ》・忠信《ただのぶ》の父として佐藤庄司が見えるのは、前述のように奥州合戦での緒戦＝阿津賀志山の戦闘だった。文治《ぶんじ》五年（一一八九）八月九日条に、泰衡《やすひら》の郎従の一人として信《しの》夫《ぶ》佐藤庄司の名がたしかめられる。伊達郡沢原の戦で敗北、梟首されたという。信夫郡を本拠とし、湯庄司《ゆのしょうじ》とも号したとある。

佐藤兄弟父子は、秀衡《ひでひら》さらに泰衡と主従の関係を有した有力武士で、その基盤は奥州南部の信夫《しのぶ》郡方面と解される。系図上では確認できないが、奥州藤原氏の二代の祖基衡《もとひら》の従者信《しの》夫郡司《ぶぐんじ》季春《すえはる》なる人物もいた。その名から推して季春は、佐藤兄弟の祖父か叔父あたりに位置した人物だと判断される。

『十訓抄《じっきんしょう》』『古事談《こじだん》』（いずれも鎌倉中期の十三世紀半の成立）という説話集によれば、陸奥《むつ》全域を支配した基衡は、検注を実行する国司側と武力衝突におよび、家人の佐藤季春が基衡の身替りとなり、首を差し出したというものだ。

平安末期の陸奥を舞台にしたこの話は、それなりの史実に立脚したもので、奥州藤原氏と佐藤一族との数代にわたる主従関係の絆を推測させる。

信夫庄司にして郡司だった佐藤一族は、地域（在地）領主として成長した。奥大道《おくのたいどう》が白河関を越え、岩瀬《いわせ》、安達《あだち》、安積《あさか》と北上する地域がその勢力基盤とされる。今日でいえば福島県中北部から宮城県におよぶ地域だ。奥州合戦において、佐藤基治をふくむ奥州軍が阿津賀志山を橋頭堡としたのも当然といえる。

そして奥州藤原氏である。清衡《きよひら》―基衡―秀衡―泰衡と四代にわたる一族は、母方は陸奥の雄族安倍氏の血脈、父方は秀郷《ひでさと》流藤原氏とされる。『陸奥話記《むつわき》』その他では、清衡の父経清《つねきよ》は亘理《わたり》大夫とも呼ばれ陸奥の有力在庁官人だった。

信夫郡の北西に位置するこの地域は、多賀国府にも近くて将門の乱の功臣たち、とりわけ北関東に拠点を有し鎮守府将軍にもなった秀郷とその門流の地盤でもあった。清衡の父経清が、この亘理郡の領主として力を有したことは、容易に推測させるところだろう。

有名な『今昔物語《こんじゃくものがたり》』（巻二十五ノ五）には、陸奥を舞台とした軍事貴族（兵《つわもの》）たちの壮絶な戦いの様子が描かれている。余五《よご》将軍平維茂《これもち》と秀郷の末裔藤原諸任《もろとう》との「ハカナキ田畠ノ争ヒ」による死闘が語られている。維茂にしろ諸任にしろ、将門の乱での鎮圧の立役者の子孫だったわけで、陸奥はそうした「兵」たちの闘いの舞台ともなった。

奥州藤原氏はそうした前史をへることで登場する。前九年・後三年合戦からの流れから藤原氏台頭を説明することも重要だが、経清に焦点を据え考えることも必要だろう。佐藤一族との関係を考えるさいには、この経清あたりまでさかのぼり検討しなければならないはずだ。

奥州の鎮魂—奥州合戦を考える

佐藤兄弟とともに義経《よしつね》が奥州から頼朝《よりとも》のもとへ参陣したのは、治承《じしょう》四年（一一八〇）十月のことだった。富士川合戦の直後の時期である。秀衡《ひでひら》の猛勢を恃み京都を脱した義経は、数年を平泉の地で過ごし、兄頼朝のもとに参じた。

その出立にあたり秀衡は、義経の関東下向を止めようとした。「秀衡、悋惜《りんしゃく》ノ術《すべ》ヲ失ヒ、継信・忠信兄弟ノ勇士ラ付ケタテマツル」（『吾妻鏡』十月二十一日条）と見えている。したがって佐藤兄弟はその武勇もさることながら、秀衡の名代的役割を担っていたことになる。

その義経主従がともに戦った源平の争乱は、元暦《げんりゃく》二年（一一八五）三月の平氏滅亡で終りをつげた。頼朝との対立で流浪した義経が再び奥地入りを果したのは、文治《ぶんじ》三年（一一八七）の春と推測されている。この間佐藤兄弟はともに奥州への帰国がかなわず、継信は屋島で、そして忠信は京都で討死した。

謡曲『摂待《せったい》』での佐藤館への義経一向の来訪は、史実のうえではこのような背景がふまえられている。

義経を再び容れた奥州の秀衡は、関東への臨戦態勢で臨む。病床にあって、泰衡《やすひら》・義経に後事を託した秀衡は、死後の結束のみだれが鎌倉側の奥州進攻の口実をもたらすことを懸念していた。

佐藤基治も参陣した阿津賀志合戦で敗走した奥州勢は、平泉への主要な軍事拠点を攻略され敗北する。文治五年（一一八九）八月二十二日のことだった。

頼朝は京都側に奥州入りを打診していたが、追討宣旨はその時点では許可されなかった。大義なき戦いの否定である。けれども鎌倉殿・頼朝はそうした京都側の意向を無視し、実力行使で臨んだ。かつての前九年・後三年合戦での義家《よしいえ》と藤原清衡《きよひら》以来の因縁を持ち出し、源家との主従関係にもとづく〝家人成敗〟の論理をかかげ奥州へ進攻した。

それは、鎌倉殿という立場でしかない頼朝が、〝源家の大義〟という名目でなした私戦だっ

遺構などのデータを元にCGで再現した永福寺（湘南工科大学長澤可也名誉教授・井上研究室提供）

た。陸奥守でも鎮守府将軍でもない頼朝が、実行した〝私の戦い〟だった。

だが、同時にそれを可能とさせたのは、関東の武力だった。これを自覚的に利用することで、頼朝は新たなる時代を創出する。

勝者たる頼朝にとって、泰衡をふくむ奥州勢の鎮魂は大きな課題だった。凱旋後、頼朝は鎌倉二階堂の地に中尊寺《ちゅうそんじ》の大長寿院《だいちょうじゅいん》を模して永福寺《ようふくじ》を建立した。建久《けんきゅう》年間に建立されたこの寺は、今日では広大な寺域跡でしか確認できないが、かつては浄土庭園を配し薬師堂・阿弥陀堂などを有する、奥州鎮魂の寺であったという。

五　曾我兄弟──「報恩」と「闘諍」の世界

最後は「本朝報恩合戦《ほんちょうほうおん》、謝徳《しゃとく》ノ闘諍《とうじょう》集」の副題を持つ『曾我物語《そがものがたり》』の世界でしめくくりたい。

敵討《かたきう》ちの元祖とも目されるこの事件は、謡曲さらに浄瑠璃・歌舞伎などの世界で人気を博してきた。とりわけ謡曲には、敗者の情念が再生され伝わってくる。闘諍とこれへの鎮魂の方法はいろいろだった。人々の記憶を介し、事件を語り伝えることも鎮魂の方法である。敗者の怨霊への畏怖からこれを祀ることのみが、鎮魂だったわけではない。

『夜討曾我』と『小袖曾我』

その意味では『曾我物語』はまさに曾我兄弟への鎮魂の書でもあった。謡曲・曾我物の代表として『夜討《ようち》曾我』及び『小袖《こそで》曾我』の二つの作品があげられる。前者については主従の恩愛が、後者は親子の情愛が主題となっている。

『夜討曾我』では闘諍の場面が取り入れられているし、『小袖曾我』にあっては普遍的な母子の情念がたっぷり表明されている。

曽我の母が時致の還俗を憤る場面（広重「曽我物語図会」国会図書館所蔵）

『夜討曾我』の前段は、労苦をともにした主従の別離が表現される。敵《かたき》たる工藤《くどう》祐経《すけつね》を討つべく狩場に参じた兄弟が、二人の従者に故郷への使を託するくだりが語られている。『曾我物語』に取材したもので、兄弟に仕える従者たちの心情が巧みに描かれている。

後段は兄祐成《すけなり》討死後の弟五郎時致《ときむね》の憤激と奮戦が語られている。ここで興味深いのは、謡曲の世界では肝心の工藤祐経の誅殺場面が語られていないことだ。そこには詩趣のない殺伐たる情景を排することで、劇的構成を演出しようとしたのであろう。

『小袖曾我』はどうか。読者が共有する『曾我物語』の感涙場面は、敵討ち直前の兄弟と母との対面の様子だろう。兄弟は宿望を遂げるべく曾我の里に赴き最後の暇《いとま》を乞う。母は兄弟の心を知りつつ察せぬふりをして、弟時致の還俗《げんぞく》を憤《いきどお》る。子を想う母の気持がにじみ出ている場面でもあり、危険を冒そうとするわが子への情愛が伝わる。

これもまた『曾我物語』に依拠したもので、悲壮美の真骨頂といってよい。

『吾妻鏡』が語る曾我事件

ここでは史実に近いとされる『吾妻鏡《あづまかがみ》』から曾我事件の転末を探っておこう。『曾我物語《そがものがたり》』と比べ、『吾妻鏡』の信頼度が高いことは明らかだ。真字本《しんじ》の『曾我物語』が鎌倉末の成立だとしてもである。ただし、『吾妻鏡』は頼朝の寵臣工藤祐経《くどうすけつね》の悲劇に力点が置かれており、筆致はあくまで散文的である。『曾我物語』の饒舌さとは対照的だ。その限りでは相互補完的に利用されるべきだろう。

建久《けんきゅう》四年（一一九四）五月二十八日、『吾妻鏡』は曾我事件のあらましを次のように伝える。

事件勃発の当日は、小雨模様で夜には雷鳴をともなう大雨だったとある。旧暦の五月下旬というからには、梅雨明け間近の雷雨と思われる。曾我兄弟が富士野の神野《かみの》の幕営に推参し、工藤祐経と同伴の王藤内《おうとうない》なる人物の殺害に及んだ。この王藤内は備前の吉備津宮《きびつのみや》の住人で、平家与党の嫌疑から所領を没収され祐経に預けられていた。祐経の尽力で救われた謝意もあり、故郷への帰路、祐経と同宿、難に遭ったという。

ココニ祐経・王藤内等交会《こうかい》セシムルノトコロ、コノ遊女、手越《たこし》ノ少将、黄瀬川《きせがわ》ノ亀鶴《かめつる》等叫喚《きょうかん》シ、コノ上、祐成《すけなり》兄弟父ノ敵《かたき》ヲ討ツノ由、高声《こうじょう》ヲ発ス、コレニヨッテ諸人騒動シ、子細ヲ知ラズトイヘドモ、宿侍《しゅくじ》ノ輩《ともがら》ハ皆コトゴトク走リ出ズ、雷命鼓《らいめいつづみ》ヲ撃チ、暗夜、燈《ともしび》ヲ失ヒテ、ホトホト東西ニ迷フノ間、祐成等ガタメニ多クモッテ疵《きず》ヲ被《こうむ》ル……（原漢文）

簡にして要を得た描写がこの後もつづく。所謂《いわゆる》〝十番切〟の番面だ。十郎は仁田忠常《にったただつね》に討たれるが、弟の五郎は「御前ヲ差シテ奔走」したものの、直前で捕縛されたという。頼朝《よりとも》自身も身の危険を感じ、「将軍御剣ヲ取リ、コレニ向ハシメタマハント欲ス」との行動に出るほど、切迫した状況だった。

夜半の騒擾の冷めやらない翌二十九日、捕縛の五郎時致《ごろうときむね》への尋問が開始される。庭上《ていしょう》に召し出された弟五郎は、頼朝をはじめ列座の御家人を前に、「祐経ヲ討ツ事、父ノ尸骸《しがい》ノ恥ヲ雪《すす》ガンガタメ」と語り、その行為の正当性を主張した。頼朝への推参についても、祖父伊東祐《すけ》親《ちか》の誅殺後の敵人祐経の鎌倉殿への寵愛ぶりの恨みを、直言したかったからだと語る。

「聞ク者舌ヲ鳴ラサズトイフコトナシ」とは、五郎と頼朝との問答を伝える場面での御家人たちの反応だ。頼朝もまたその勇士ぶりに感動、五郎を宥《ゆる》そうとしたが、祐経の息犬房丸《いぬぼうまる》の要望で誅されることとなった。

『吾妻鏡』はその後、この曾我兄弟と工藤祐経の確執についての簡略なる叙述がなされている。

曾我兄弟の来歴

以下では、少し異なる角度からこの事件の流れを見ておこう。曾我《そが》兄弟の祖父伊東祐親《すけちか》は、わが娘が頼朝《よりとも》の子を産んだことを激怒し、頼朝を殺そうとする。祐親の流祖維幾《これちか》は平将門の乱のおり、常陸国司の地位にあり『将門記《しょうもんき》』にも登場する。その子為憲《ためのり》が木工寮《もくりょう》の官職を得たことで、工藤氏を名乗ったとある。

以後、子孫は駿河・相模・伊豆方面に拠点化をすすめ、平安末期には伊豆の狩野荘《かのう》を拠点に在庁官人として活躍した。系図中に登場する狩野・伊東・河津《かわづ》・曾我・宇佐美《うさみ》の諸氏は、いずれも地名に由来する東国武士だった。開発領主として地域社会に根をおろした地方名士だった。兄弟の父河津三郎祐通《かわづさぶろうすけみち》（祐泰《すけやす》とも）はその名字からもわかるように、伊豆半島東南の河津庄を基盤とした。

『曽我物語』によれば、曾祖父の祐隆《すけたか》は久須美《くすみ》入道と称し、広範囲な開発所領を持っていたという。その後、祐隆は後妻の連れ子だった娘に生ませた祐継《すけつぐ》に所領の多くを譲った。他方、嫡孫にあたる祐親を養子にして河津荘などを譲与した。

所領を譲られたとはいえ祐継と祐親の関係は微妙だった。その後、病に倒れた祐継は病床で祐親と和解、幼少の祐経の保護を祐親に託し没する。しかし祐経に譲与されるべき所領の過半は、祐経の成人後も伯父の祐親から返却されることはなかった。

都で武者所《むしゃどころ》に仕え﨟《ろう》を積み工藤一﨟《いちろう》と称した祐経は、祐親の非法を訴えるが訴訟は思うようにゆかず、祐経はついに実力行使に出る。

それが安元《あんげん》二年（一一七六）十月の伊豆奥野の巻狩りでの事件だった。祐経は従者の大見小《おおみこ》藤太《とうた》と八幡三郎《やはたさぶろう》の二人に命じ、祐親・祐通父子を亡きものにしようとした。伊東館への巻狩りの帰路、矢を射かけられ祐通は落命、祐親も疵を負う。

祐成・祐経・時宗（広重「曽我物語図会」部分、国立国会図書館蔵）

『曾我物語』が記す事件の発端を大雑把に説明すると、以上のようになる。幼くして父を失った兄弟（兄の一万は五歳、弟の箱王《はこおう》は三歳）は、祐親のすすめで再嫁した母とともに曾我祐信《すけのぶ》のもとへと移り住むことになる。

現在、御殿場《ごてんば》線下曽我《しもそが》駅の一帯がかつての曾我の地で、城前寺《じょうぜん》には兄弟と母の満江《まんこう》そして継父祐信の五輪の供養塔が見える。

曾我兄弟供養塔は、相模・駿河・伊豆各地に多く所在する。有名なものでは、箱根湯本から中世の古道として知られる湯坂道を登り切った芦ノ湯にも、鎌倉末・南北朝期の巨大な供養塔がある。ここを過ぎれば芦ノ湖を眼下に箱根神社へと通ずるルートだ。兄弟が幾度となく通った道で、そこに兄弟の供養塔が見えているのは興味深い。

反逆の系譜と再びの宝剣説話

曾我《そが》事件に関連して『源平盛衰記《げんぺいせいすいき》』〈剣の巻〉に興味深い説話があるので紹介しよう。以前に紹介した安徳《あんとく》天皇入水にともなう龍宮伝説とも通底する。

源家相伝の霊剣譚《れいけんたん》がその趣旨だが、そこに曾我五郎時致《ごろうときむね》の保持した剣（太刀）のことが語られている。「薄緑《うすみどり》」と称したこの剣は、かつて兄頼朝《よりとも》と対立した義経《よしつね》の所持していたものだった。

この「薄緑」は義経により箱根権現に奉納されたものとされる。「剣の巻」では語られてはいないが、五郎が頼朝を襲撃した史実にもとづき、五郎と箱根権現との関係からこの「薄緑」の所持者として、曾我兄弟を設定したのだろう。

もちろん、このことは『曾我物語』にはないもので、曾我兄弟の闘諍事件を巧みに取り入れた説話以上のものではないが、源平争乱という歴史の流れが、反映されているという点で

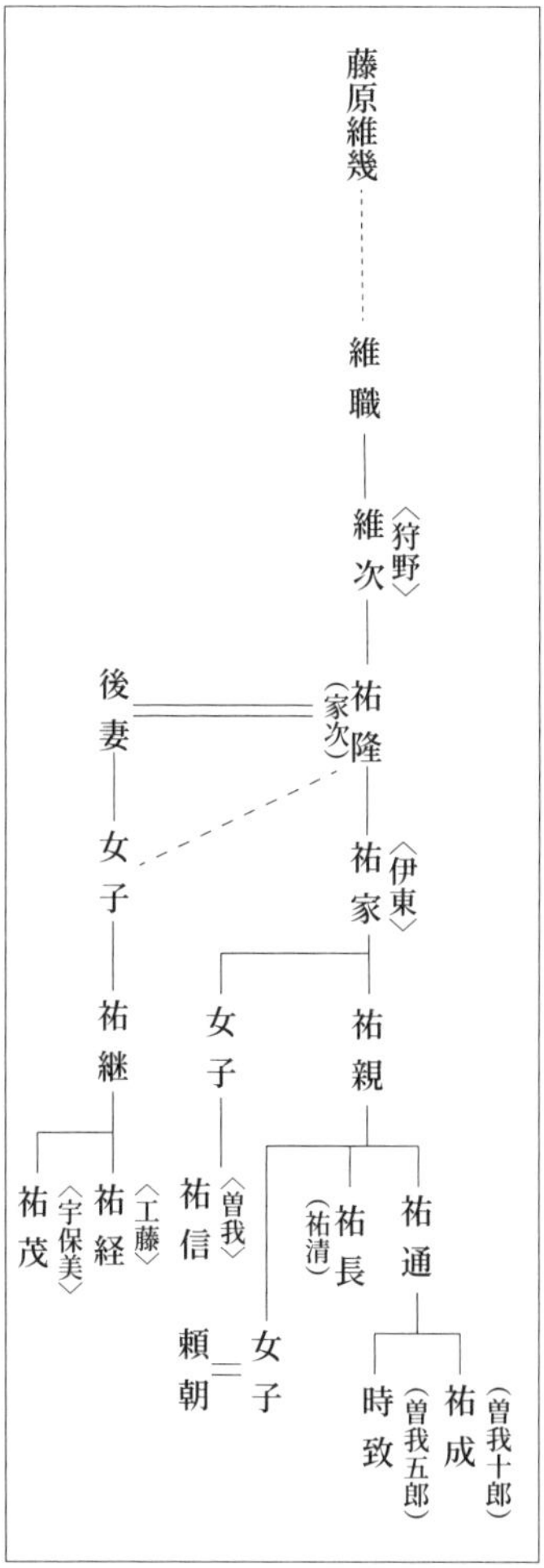

大いに興味深い。そこでは、義経—曾我兄弟という反逆の系譜もストーリー化されている。義経をへて曾我兄弟へと伝わった源氏の宝剣「薄緑」が、最終的に頼朝の手に納められることで、日本国の統合が可能になったとの流れが想定されている。

「日本国闘諍の物語」とも題した『曾我物語』の冒頭部分には、頼朝が陸奥外ヶ浜《むつそとがはま》から薩摩鬼界ヶ島《きかいがしま》を左右の足下に置いている夢の場面が語られている。この日本国統一譚は右の『源平盛衰記』の話と平仄《ひょうそく》が合うようだ。

鎌倉末・南北朝期には曾我兄弟の事件は、源平争乱の最終章として認識されていたともい い得る。源家相伝の霊剣の行方を「剣の巻」に即し図示すれば、別図のようになる。

ここには、頼朝の「天下草創」にむけての源氏のサクセスストーリーが集約されている。源満仲《みつなか》が霊夢を得て創らせた霊剣「鬚切《ひげきり》」と「膝丸《ひざまる》」の二振は、その後、頼光《よりみつ》・頼義《よりよし》・義家《よしいえ》と相伝される。前九年・後三年合戦での勝利もその霊剣の力によったという。つづく為義《ためよし》の時代は、娘婿の熊野別当教真《きょうしん》に「吼丸《ほえまる》」が譲られたことで、本来の霊威が減少し源氏衰退を招く。「獅子の子」を「友切《ともきり》」「小烏《こがらす》」の二振りに分けたことで、義朝の時代には剣の力はさらに弱体化した。

義朝は霊夢を得て「友切」という縁起の悪い名（源氏一門の内部分裂をイメージ）を改めたこ

ともあり、頼朝の時代には霊威が戻り始める。そして、かつての「膝丸」にルーツを有した「薄緑」は、義経さらに曾我兄弟の手から頼朝（源家の棟梁）に返還されたことで、日本国の統合に寄与したとの流れだ。

ともかく曾我兄弟が義経とともに、反逆の系譜におかれていることはおもしろい。「薄緑」やその前身「吼丸」が箱根権現や熊野権現との因縁が持ち出され、それが鎌倉殿頼朝へと流入されてゆくストーリーも食指をそそる。義経にしろ曾我兄弟にしろ、敗者たるかれらは頼朝に敵対するなかで、それなりの役割を与えられた。その意味では鎌倉体制という新たな秩序の創出への抵抗勢力としての役割を与えられたことになる。

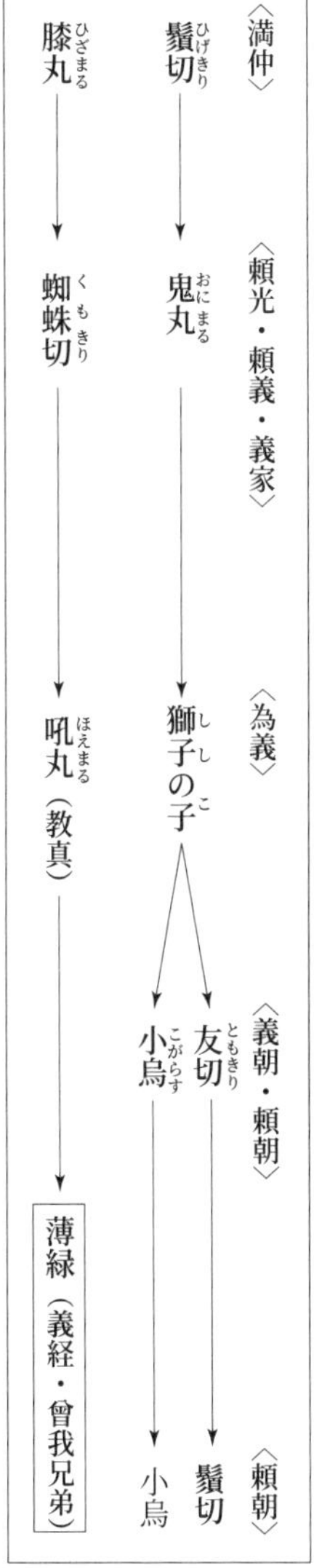

曾我兄弟とその時代

曾我《そが》兄弟の事件は源平争乱と直接にはかかわらないものの、奥州合戦をふくむ十年にわたる内乱の余波は、この事件にも影響を与えている。兄弟の父河津三郎《かわづさぶろう》が襲撃された安元《あんげん》の段階は、それこそ源平争乱前夜にあたる。建久《けんきゅう》四年（一一九三）のこの事件のおり、兄十郎は二十三歳、弟五郎は二十歳になっていた。怨念の連鎖は源平の闘諍をはるかに超えていたことになる。

年号もこの間に治承《じしょう》・養和《ようわ》・寿永《じゅえい》・元暦《げんりゃく》そして文治《ぶんじ》と改元され、奥州合戦をもって争乱の時代は終焉をむかえた。文治にかわって登場した建久の時代は、〝偃武《えんぶ》〟にふさわしい平和の時代の幕開けといえる。

建久年間（一一九〇～九九）における、武家政権の歩みを大枠でとらえると、鎌倉殿頼朝《よりとも》の上洛にともなう京都王朝との協調（建久元年）、そして頼朝の征夷大将軍の就任（建久三年）、さらに大仏開眼供養にともなう鎌倉殿再度の上洛（建久六年）、その後につづく鎌倉サイドからの入内《じゅだい》政策の推進計画等々、かつての武断路線からの転換がなされた時代だった。

曾我事件はこのように内乱を乗り切った鎌倉の新政権が、安定を見せはじめていた時期に勃発した。下野の那須野から駿河の富士野へと狩場を移し、二ヶ月にわたる大規模な巻狩りは、武家の棟梁たる鎌倉殿の力を関東の武士たちに誇示させる最高の場だった。

まして、十三歳の嫡子頼家《よりいえ》をともなってのことならばなおさらだろう。前年の建久三年（一一九三）には次子実朝《さねとも》が誕生、東国の主たる頼朝にとっても最高の舞台だった。

だが、源平の戦いの余燼は、二人の兄弟のなかに依然くすぶりつづけていた。頼朝の敵人だった伊東祐親《すけちか》を祖父に持つかれら兄弟にとって、関東御家人への途は閉ざされていたからだ。かろうじて、義父祐信《すけのぶ》が曾我庄を基盤に鎌倉殿の家人たることが、許されていた程度だった。祐信には太郎という嫡子がすでにいた。曾我の所領は当然、庶子たる立場の兄弟には譲られる可能性は少なかった。その義父もかつては石橋山合戦では大庭景親《おおばかげちか》の勢に属し、平家方として参戦した。ましてや兄弟の敵人工藤祐経《すけつね》が鎌倉殿の側近中の側近として活躍していたとすれば、不満は閉塞状況への打破へと向かうことになる。祐経は父の敵であったし、鎌倉殿も祖父の敵人だった。

源平の争乱は兄弟たちの運命を変えた。伊豆における屈指の有力者伊東一族は、鎌倉殿の体制の下ではかつての栄光は望むことはできなかった。そうした現状への挑戦が曾我事件の背景をなしていた。

曾我兄弟にとって、源平争乱は〝戦後〟ではなかったことになる。

◆附録

特別鼎談「修羅を演ずる――能・謡曲の世界」

友枝昭世（喜多流能楽師・人間国宝）
中村邦生（喜多流能楽師）
司会・関幸彦

デッサン：中村邦生

本書の最後に、Ⅲ「修羅の群像」に関連する内容として喜多流能楽師の方々（友枝昭世《ともえだあきよ》、中《なか》村邦生《むらくにお》両氏）をお招きし、古典芸能のあれこれを語っていただいた。ちなみにここに附録した内容の祖型は二〇一八年（平成三十年）の厳島《いつくしま》神社・観月能での演目『頼政《よりまさ》』に関連しての鼎談内容に依拠したものである。『頼政』は修羅物として有名な演目で、本書『中世怨霊伝』という内容にも通ずる。世阿弥《ぜあみ》の作で、『平家物語』に取材したものだ。十二世紀末の源平争乱のきっかけとなった源三位《げんさんみ》頼政と以仁王《もちひとおう》の挙兵がテーマとされる。宇治で敗北する頼政の最期の場面に焦点を据えた作品で、静と動の対比が描写されている。

鼎談での内容をベースに、本書の内容に合わせ適宜構成を変えた。今日的状況から修正・訂正すべき諸点については、両氏のご承諾をいただき対応させていただいた。また初学者のために本書との関係も含め便宜的に付加すべき内容については（　）で付記した。

いうまでもなく、能楽云々の語は明治以降、定着した呼称で、歴史家の久米邦武《くめくにたけ》などもこの語の生みの親の一人とされる。現在、〝能楽五流〟として知られるのが、観世《かんぜ》・金春《こんぱる》、宝生《ほうしょう》、金剛《こんごう》、そして喜多《きた》とされる。友枝昭世氏は喜多流能楽師のシテ方で、二〇〇三年、いわゆる人間国宝（重要無形文化財保持者・各個認定）に認定された。シテというのは主人公を演じる役者のことだ。中村邦生氏も同じくシテ方の喜多流能楽師（重要無形文化財保持者）として活躍されている。

五流ある中で喜多流の能楽師を招いたのは、特段の理由からではない。あくまで当方が二十年ちかく師事しているという個人的理由でしかない。以下の鼎談を介し、古典芸能の魅力を少しでも感じていただければ幸いである。

『頼政《よりまさ》』

『平家物語』による世阿弥作の修羅能。武将でもあり、歌人でもあった源頼政は、平家との戦いに敗れ、平等院で「扇之芝《おうぎのしば》」と呼ばれる芝生の上で自害したと伝えられる。その際、当時一流の歌人でもあった頼政は「埋もれ木の 花咲くことも なかりしに 身のなる果ては あはれなりけり」という辞世の句を詠んだとされる。『頼政』では、一人の旅僧が一人の老人と行きあう。老人は頼政の幽霊で、宇治川の合戦の様子をありありと、そして自害へと追い込まれるさまが語られる。

友枝昭世　能楽師（人間国宝）

1940年生まれ。

肥後熊本、加藤家、細川家のお抱え能役者の本座・友枝家に友枝喜久夫の長男として、東京に生まれる。1946年、能楽シテ方喜多流十五世宗家喜多実氏に師事。1947年『鞍馬天狗』の花見で初舞台、2000年紫綬褒章、2003年芸術院賞、2008年重要無形文化財保持者（人間国宝）に認定。

中村邦生 能楽師

1954年、広島県生まれ。

能楽シテ方喜多流十五世宗家喜多実氏に就き修行。重要無形文化財総合指定（日本能楽会々員）。公益社団法人能楽協会常務理事。公益社団法人十四世六平太財団理事。

司会 関幸彦

元日本大学教授

修羅物『頼政』について

関：以前、京都の上賀茂《かみがも》神社の観月コンサートというイベントに行ったことがあります。その闇とも言える深い暗さは、まさに「深淵」という言葉が当てはまるものでした。そのような静けさの中にいると、昔の人々が恐れていた百鬼夜行《ひゃっきやぎょう》も本当にあったのではないかとすら、思えるほどでした。

今回の厳島神社での観月能は、神社、夜、満月という条件は同じであるのに、少し雰囲気が異なりました。海面に映るシテの黄金色の装束は、ヒタヒタと舞台に迫り来るもので、あたかも海中の夜光虫の群れが舞い動くようでした。また時折遠くに見える車の銀色のライトは、そこだけ近未来映画の映像、もしくはアニメ映画の一場面のようでした。

野外の社殿ということもあって、輪郭の曖昧さがこの世とあの世とを行き来しているような、不思議な感覚をもたらしてくれました。静寂と枯淡の情景の中で「幽玄」という言葉以上の表現はないのだな……と思えるほどです。隠された姿の美しさを鑑賞者が想像できるのは、演者が型や所作、運び、あるいは間といった技術と感性を磨き続けてこられたからなのだと思いました。

前置きはこれくらいにして、以下本題に入りたいと思います。

友枝先生はシテで頼政、中村先生は「後見」（舞台の進行を監督する役）というお役で勤められました。友枝先生にとって『頼政』とはどのような存在なのでしょうか。

友枝：厳島神社の社殿という幻想的な空間での演目として、『頼政』はピッタリなのではないかと思いますね。今回で演じるのは三度目になります。二回目を演じたのは二十年くらい前、初演はそれこそ四十年くらい前かもしれません。私は『頼政』というのはそんなに好きな能ではなかったのです。私の師匠の喜多《きた》実《みのる》先生（一九〇〇―一九八六、シテ方喜多流能楽師・喜多流十五世宗家）は、仕舞はやられても能はあまりやられませんでした。実先生が演じられた『頼政』については私の記憶にはありません。ただ、名人と言われた十四世喜多六平太《きたろっぺいた》先生（一八七四―一九七一、シテ方喜多流能楽師、人間国宝）の『頼政』は、私も地謡ですが、出ています。すごい迫力のあるスケールの大きい頼政です。小柄な方なのですが、「頼政頭巾《ずきん》」という独特の帽子をかぶるせいか、一見すると一寸法師のような感じなのですが、その迫力たるやすごかったです。

実際の源頼政は七十六歳で亡くなっています。その年齢を超えてくると、私も少しは成長してきたと思いたいですね。

関：今回の演目について、『頼政』を選んだのは主催者のほうからのオファーだったのでしょうか。厳島ということで、関係性のあるものからお選びになったのでしょうか。『平家物語』的世界では広く頼政という武将は関係しますが、直接には厳島とは縁は薄いですよね。

友枝：『頼政』は私の好みで選びました。厳島ということよりも、海辺の上に立っているという空間に合っている曲、それは水に関係がある演目など、諸所の要素から考えました。観月能は二十二回目ということもあり、演目も限定されてきます。あの空間を生かして「よし、やってみよう」というものが少なくなってきているので、私なりに悩んでいるところです。

関：頼政という武将について、ふれておきましょう。会場には能にご興味のある方も多いのでしょうが、武人・頼政の来歴をご存知ない方もいるかもしれませんので。彼が生きた時代は源平の両勢力の対抗時期でした。摂津源氏に属した頼政は、先祖に「酒呑童子《しゅてんどうじ》」の退治で知られる頼光がいます。頼朝の父義朝《よしとも》は河内源氏ですから、同じ源氏でも少し異なります。平治の乱で義朝が清盛《きよもり》と戦い敗死します。この頼政はこの戦いで清盛側に味方します。いうなれば、頼政は平氏の勝利に尽力した武将だった。「平家、世ヲ取ツテ二十年」とは同じく修羅物で有名な『敦盛《あつもり》』の詞章です。

頼政はこの平家全盛の時代、河内源氏の頼朝周辺が衰退するなかにあって、清盛の権勢のおかげで三位《さんみ》という公卿の地位に登りました。けれども老境に入った頼政にとって、平家との連携には忸怩《じくじ》たる想いがあったのかもしれません。まさに平治の乱から二十年の歳月が去った治承《じしょう》四年（一一八〇）、後白河《ごしらかわ》法皇を幽閉した清盛の暴挙を否として、以仁王《もちひとおう》とともに兵を挙げることになります。伊豆の頼朝の旗上は、その頼政そして以仁王の挙兵を皮切りに行われたわけですね。

その点では、源平争乱の口火を切った立役者でもありました。七十代後半の老武者たる頼政は平家側の圧倒的軍事力の前で、劣勢を強いられ、平等院に立て籠もり最期となるわけですね。『平家物語』の「橋合戦」を脚色したあの場面はやはり圧巻ですね。

友枝昭世「頼政」(東條睦子撮影)

とりわけ「埋木《うもれぎ》の／花咲くこともなかりしに／身のなる果ては／あはれなりけり」との辞世の句には、なんとも深く重い思いが詰まっていますよね。悔悟あり、無念あり、そして諦念ありが去来したのだろうと。世阿弥が脚本化したこの作品は闘諍の場面の活写とともに、内に込められた頼政の心情が伝わるもので、芸術的な高みが感じ取られる気がします。

ゲストの先生たちを前に勝手な好き放題をしてしまい、ご無礼しました。

ちなみに、中村先生は日頃から私たちの稽古にさいし、特に修羅物の場面では「当て振り」ということを指導されますね。所作・動作の関連性だと思いますが……。老武者頼政らしい風情を出すために、どのようなところに留意されますか。

中　村：風情を出そうとはあまり考えませんが、前シテ、後シテともそれなりの扮装をしていますので、逸脱しない様に気をつけています。私も『頼政』『実盛《さねもり》』『忠度《ただのり》』は演じております。修羅物は型どころが多く派手に見えますが、一つ一つの型を決めに行くことと流れを大事にする事を心がけております。その武将に成りきろうとは微塵も思っておりません。

関：そうですよね。やはり演目に対応した所作があるはずですから。その点では、『実盛』も同じ老武者のストーリーですしね。友枝先生はいかがですか？

友枝：今回の観月能で『頼政』を選んだのは、演じる自分と頼政の年齢がマッチしていることでした。やはりこの演目はそれなりロウ（臈）を積まなければ、と思います。当該人物になりきることは至難のことですが、その行動や心情に迫るためには、足運びやら発声に至るまで、それなりの時間の堆積があって頼政という人物に同化できるのだろうと思います。

能との出会い

関：ここからは能自体にあまり馴染みがない方々に向けてのお話も伺ってみたいと思います。友枝家は肥後細川藩のお抱えの能楽師の家柄ですが、熊本ですとやはり細川家ともかかわりが深いかと存じます。友枝家は、能楽師の家として連綿と続いていらっしゃる。つまり友枝先生は、生まれた時から能楽師となることを宿命づけられていた。そうしたご自分を意識されたのは何歳くらいからですか。

友枝：なかなかいつとはっきり言えませんが、五歳の時に終戦を迎えました。その後に能の稽古をはじめたわけですが、父に連れられて杉並・鍋屋横丁の先にある山本舞台（現・杉並能楽堂）や、多摩川能楽堂（現在は青山）、それから駒込にある染井能楽堂に連れていかれました。喜多実先生は杉並能楽堂で玄人《くろうと》、染井能楽堂では素人を教えていらっしゃいました。私は杉並能楽堂に連れていかれましたが、嫌がることもなく、小学二年生くらいからは一人で通っていました。

少年時代も拒否反応はありませんでした。その後、微妙な時期もなかった訳ではありません。高校卒業の前後は、友達が大学への進学を考えていましたが、恩師の実先生は「能楽師に学問はいらない。この道に進むならば徹底して稽古をやったほうがよい」という考えの持ち主でした。先生自身も、小学校に通っただけでした。ただ、私の場合は、「大学に行ったほうがよい」という人がいまして、大学に進学することになりました。妹も二人いますので、経済的には迷惑をかけてしまったと思います。今から思えば、大学への進学については、もし病気や怪我などで能の道をまっとうできない場合を考えていたのかもしれません。

関：そのお気持ちは理解できますね。友枝先生の時代でさえそのような感じだったのでしょうから、昨今の若手の方々の場合、選択肢がありすぎますので、能をはじめとした古典芸能へ邁進するのは相当な覚悟を要しますね。

友枝：そのような経緯で國學院大学に入学したのですが、二年生の時に結核にかかったのです。結核にかかったのは大変なショックでした。天気の良い日には、みんなは楽しんでいるんだろうな、と思ってしまい、とくにイライラするんです。雨が降ると安心してしまうくらい、歪んでいたことを思い出します（笑）。

関：稽古はどうされたんでしょうか。

友枝：結局、一年半稽古を休みました。大学四年になり、病気が治ってから、休んでいたハンディキャップがあるので、それを取り戻すために先生の稽古だけではなく、自分でも必死にやった記憶があります。

関：中村先生は広島のご出身で、お父様が能楽の先生でいらっしゃいます。「自分も能楽の道に進むのだ」というお気持ちはあったのでしょうか。

中村：我が家は歴史のある家柄ではありませんが、祖父の時代から能をやっていました。父の時代にはお弟子さんの発表会に私も出る程度で、やらされていたようなものでした。高校卒業時に進路はどうするか考え、地元の大学進学も考えましたが、厳格な父から「東京に行ってもいい」と言われ、東京に魅力を感じ、「やったー、東京に行ける」と思い、修行の事など考えず勇《いさ》んで出て来ました（笑）。そんな軽い気持ちでしたね。その判断は人生の大きな岐路でしたが、当時はよくわかっていなかったんだと思います。

十八番の演目

関：いずれにしても、若い頃からお二方とも長年プロとして活躍されているわけですが、それぞれお気に入りの演目、もしくは十八番というものはあるのでしょうか。

友枝：自分で気に入っているものと、十八番はちょっと違います。好きな曲は『井筒《いづつ》』『融《とおる》』『清経《きよつね》』、それからもう演じることができませんが、『朝長《ともなが》』でしょうか。それから『忠度』、そういうところでしょうか。

関：なるほど、今、『忠度』云々のご発言もありました。当方も以前、平家の公達の薩摩守忠度の勇壮にして哀れを誘う演目を稽古したことがありました。一の谷の合戦では、敦盛の「青葉の笛」のエピソードとならび、『平家物語』でもよく知られています。

そういえば、この『忠度』も武人にして和歌の名手とされる。「花や今宵の主《あるじ》ならまし」で知られている、例の歌には、場面は異なりますが、頼政が詠じた辞世の句に近いものがある気もしますが、いかがですか。友枝先生は『忠度』についてどのように感じていらっしゃいますか。

友枝：私もこれまで『忠度』はやらせてもらいました。熊野育ちの勇壮さとともに歌にかける情熱をどう演じきるかが課題かと思います。動と静が同居しており、修羅物の中でも難しい曲かもしれませんね。

関：なるほど、中村先生も『忠度』を演じられたことがあろうかと思います。どんな所に留意されますか。

中村：『忠度』の前半は静の部分で、須磨の里にて樵《きこり》の翁と旅の僧との鄙《ひな》びた風景、地謡・囃子方等が雰囲気を作ってくれます。その雰囲気を壊さず動く、後半の千載集《せんざいしゅう》に名が出ない事を嘆く謡・修羅の部分の型処《どころ》、それぞれ難しいところはありますが、謡を心を込めて謡う型は正しく、真っ直ぐに演《や》ることで風情・心情は自ずと表現されるのではないかと思っております。

関：なるほど、よく分かります。戦場での死はシリアスではあるのですが、他方で人々は戦闘シーンを見物している。『太平記』などでも、そうしたシーンがかなり多いですね。その際に最期の死様が語り草にもなる。ある意味、見られる側は「名こそ惜しけれ」の立場で死力を尽くす。見られている自分を意識するそれが歴史への演技なのかもしれませんね。「人々よ、潔い最期をよく見て、後世に伝えよ！」、そんな意識があったはずですね。

友枝：私は素人ですが、中村門下の春と秋の発表会では動きのある修羅物を希望しています。そこには敗れし者の息づかいが投影されており、本格的なお能でなくても、所作や謡を介して修羅の世界にワープできそうな気がします。けれども神、男、女、狂、鬼で言えば「しっとり系」は相当な鍛錬が必要な気もしますね。友枝先生はほかにも好きな演目はおありですか。

友枝：ほかに『松風《まつかぜ》』『湯谷《ゆや》』などが挙げられます。

関：「しっとり系」も修羅物も両方いけるということでしょうかね。中村先生はいかがでしょうか。

中村：私の好きな曲は『東北《とうぼく》』『羽衣《はごろも》』『枕慈童《まくらじどう》』『天鼓《てんこ》』『船弁慶《ふなべんけい》』等です。ご指摘の通り、両方出来なければならないので、身体作りの基本として三番目物の曲（女性をシテとし、優美な舞をみせる曲）をしっかり稽古します。ゆっくりとした動きで強い腰を作り、修羅物・切能物（人間以外の異類が登場する能）等、テンポの良い曲を舞います。テンポが良い方が発散できていいですね。

関：そのようにおっしゃりながらも、最近では『芭蕉《ばしょう》』とか『遊行柳《ゆぎょうやなぎ》』とか、静的世界に向けてのご自身の挑戦に向かわれている気もします。中村先生ご自身も新たなる境地を模索されているようですね。好きな曲とお得意の曲とは多分に重なるところがあるように思うんです。そうなるとこれからお二人の先生がご出演される時は、「これはお得意の演目だから」と思えるようになるかも知れませんね。

教え方に真髄はあるのか

関：能の演目にあって、その解釈については、一つの定番があるわけではない。しばしば、自分たち、見る側の解釈が大切なのだと、よく指摘されています。それでこれまで実際に演ぜられてきて、解釈で勘違いされていたとか、ズレがあるとか、普段似ているものと違う解釈を（ご自身で）されていた経験などはあるのでしょうか。また、人から言われて、はっとなった経験などはあるのでしょうか。

友枝：一つだけ思い出すことがあります。『湯谷《ゆや》／熊野』という演目で、平宗盛《たいらのむねもり》の愛妾の湯谷を演じました。春爛漫《はるらんまん》の場面の時のことです。湯谷が老いた母を見舞うために暇を取らせて欲しいと言います。それを六平太先生は、「あれはね、本当は母ではなくいい人なんだよ。宗盛から早く離れたくてそう言ったんだよ」とおっしゃいました。多分それは、ジメジメしてしまうと桜も満開の場面に対して色を添えたいと言われたのではないでしょうか。六平太先生は、そのようなおもしろい教え方をなさるんです。

『小鍛冶《こかじ》』という刀匠三条宗近《さんじょうむねちか》の物語があります。その中の「白頭」という演目で狐の精が出てきますが、独特の狐足なんです。六平太先生は、「あれはね、狐が油揚げを探しているんだよ」などという具合で教えてくださいました（笑）。

関：なかなか独特ですね。

友枝：そのようにウィットに飛んだ教え方をされた先生でしたね。実先生が不在で六平太先生が代わりに稽古をしてくださったのです。清経を勧めるための稽古でした。清経は最後に入水しますが、「そこの水屑と沈みゆく」という場面で、「ぶくぶくぶくぶくと沈んでいくように、と演劇的に教えてくださったのです。実先生はそういった教え方はなさいません。実先生は「気をかけて、気をかけて」という感じでした。

関：教わる先生によって教え方がまったく違うのですね。中村先生は実先生の内弟子で入門されたと伺っています。やはり直線的な教え方をされる先生だったのでしょうか。

中村：そうですね。細かな事についての指摘はほとんどありません。「腰！」「気をかけて！」「強く！」とおっしゃるだけでしたね。「能の所作は〝動く彫刻〟のごとくやるように」とよく言われていました。曲の解釈は習ったことはありません。独学です。

関：そのような教え方の遺伝子が中村先生にもあって、口には出さないけれど、心の中で「気合だ！」というのを私たちも感じますね。しばしば動きは体操のように無骨でもいいから、キビキビ動くように指導されますものね。体幹に即した自然の動きを心掛けるようにとも。ところで、喜多流は近世江戸時代の二代秀忠《ひでただ》将軍の時期に認められた新しい流派でした。その点では〝いいとこ取り〟という面もあったわけです。大変無礼な言い方かも知れませんが、それだけ完成度が高い形で色々なものを演出できます。友枝先生は神男女狂鬼といういくつか能の種類のなかで、女性が主役である『伊勢物語』や『源氏物語』などに取材した演目、または男性もの修羅の世界が多い『平家物語』のような軍記物もあります。女性ものと男性ものと、どちらがお好きでしょうか。

友　枝：曲にもよりますが、両方とも好きですね。また四番ものと言われる狂女もの、これはかなり幅が広いですけれども、その中でも『隅田川《すみだがわ》』や『三井寺《みついでら》』などが好きな曲です。自分で云うのも何ですが、レパートリーは広い方なのかも知れません。

中　村：いろいろと全部やらなければならないので、あまり考えないようにしてはいますが、面《おもて》を着けますから女性だから嫌ということはないですが、ただ直面《ひためん》（面をつけないこと）の曲は演り難いです。

関　：ところで、お二人とも能楽一筋にずっとやられてきています。芸の肥やしとしておやりになっていること、また、まったくの趣味としてやっていることなどは、あるのでしょうか。

友枝：趣味はない、といった方が正解です。妻がクラシック音楽が好きなので、たまにご招待をいただき、何とかに引かれてではないですが、お供して、半分眠りながらではありますが鑑賞しています（笑）。若い頃は運動神経もあり、スポーツを観るのが好きです。サッカーや野球など、ちょっとした批評家レベルだと自負しています（笑）。

関　：スポーツ観戦をしながらも時代の潮目を読むなんてこともするのですね。やはりすべてに通じるのでしょうね。能や仕舞いの所作は、足運びも含め先生も言われるように、自然な体の動きに対応している。その点では〝行う〟かどうかは別に、〝見る〟ことも肥やしということになるのでしょうね。

友枝：ゴルフもやりましたが、目が悪いので、飛ばしたボールがよく見えない。なのでどんどん歩いていったら、キャディーさんに「お客さん、そんなに飛ぶわけないでしょ」と言われました（笑）。

中村：僕もスポーツが大好きで、野球、サッカー、ラグビー、柔道、剣道など大好きです。内弟子だった頃、実先生は田園調布でテニスの個人レッスンをなさっていて、その運転手でよく行きました。「お前もやれ」と言われるのでやったのですが、コーチは実先生の打ちやすいところにボールを出すので楽でいいのですが、先生が休憩されている間に私が代わりにやると、私の時はすっごく走らされる。先生が三分の一、僕が三分の二くらいの分量です。もうクタクタになって、居眠り運転しそうになったことを覚えています（笑）。

関：中村先生の教え方の特色ですが、仕舞いの基本的なスタイルは自然の理にかなった動き、人間は自然な動きをするんだから、変にねじったりせず、器械体操のように動きなさい、と口をすっぱく言われるんです。稽古の時もスポーツを取り入れて説明される。それぞれの人の特徴をとらえて、その人はどのような趣味をやっているかな、ということを考えて、それを察知されてうまい具合に取り込んでいく。それはつまり中村先生が色々とスポーツを経験されているからだと感じました。

中村：修行中、稽古場で先生の姿を見て驚いたことは、腰が決まっていて強く見えたことでした。年の若い弟子達が及ばない腰の強さでした。これはなんとか真似できないかと思い、相撲にヒントを見出し、力士の腰の型、足の運び方等を研究して取り入れました。「体幹」は大事です。

関：友枝先生は人間国宝になられて二十年くらいになりますが、人間国宝はどのように選ばれるのですか、と以前お聞きしたところ、文化庁に推薦母体もあるらしいのですが、いずれにしても、「青天の霹靂のようだ」との感想を側聞したことがあります。人間国宝をきっかけにして、ご自身の意識、また他者が先生を見る目が違ってくることもおありかと思います。いかがですか。

友枝：自分では人間国宝に対しての意識はありませんが、一番一番いい舞台を勤めることを心がけています。おこがましいですが、それが伝統となるのだろうと思っております。今日は調子が悪いから少し落とそうとか、そういったことのないように、自分なりに精一杯いい舞台を、と心がけております。

関：それではこの辺で。両先生、誠にありがとうございました。

＊二〇一八年に厳島神社で開催された「第二十二回観月能」の後に行われた、「人間国宝と語る」をもとにしています。

あとがき

「知の普遍化」といえば、カッコ良すぎるかもしれない。広く一般読者に平安・鎌倉人の声を伝えたい。それも少し刺激的な切り口で提案するつもりで『中世怨霊伝』の書名を付した。以前に出版した二、三冊の拙著や共著を再構成して一冊とした。本書の主題にマッチした内容を選び、王朝時代を軸に怨霊となった人物を列伝風に記したものだ。かつての書物の〝お色直し〟ということになる。けれども貴族から武士の時代の転換期をテーマにした筆者の立場からは、歴史を介した「知の普遍化」に役立つことを目指したつもりだ。

Ⅰ、Ⅱの各章については、楷書風に叙し、怨霊と化した敗者たちにスポットを当て摂関期から院政期及び内乱期に至る大局を語ろうとした。Ⅲ章については謡曲での人物を組上に、非楷書風の取り上げ方をしてみた。歴史学と文芸・芸能の〝ハザマ〟をつなぐ試みである。広く歴史学の裾野を耕すことに繋がるのを期待したものだ。

本書を成すにあたり、土台となっている旧著で理解しがたい内容や難しい表現については可能な限り平易な形で書きかえた。

また最後に、Ⅲ能・謡曲のテーマにちなみ、当方と喜多流能楽師友枝昭世・中村邦生両氏との鼎談を、許可をいただき付載をさせて頂いた。論談風味の能楽師の肉声も本書のスパイスになるかと思う。

教育評論社の小山香里さんには今回もお世話をおかけした。

〝お蔵入り〟に近い拙著を蘇らせてもらったご労苦に、この場をかりてお礼を申し上げたいと思う。

二〇二四年　晩秋

関　幸彦

【関係年表】

年号	西暦	出来事
寛平6	894	9菅原道真の提言により、遣唐使廃止
昌泰2	899	2藤原時平・菅原道真、左右大臣となる
延喜元	901	1道真、大宰府に左遷（昌泰の変）
延喜2	902	3延喜の荘園整理令
延喜3	903	1道真、自身の漢詩を撰して『菅家後集』をつくり、紀長谷雄に送る。2道真、大宰府にて没す
延喜9	909	4藤原時平没す
延長元	923	3皇太子保明親王没す。4道真を右大臣に復して正二位を贈り、左遷証書を破棄
延長3	925	6皇太子慶頼（よしより）王没す
延長8	930	6清涼殿に落雷。藤原清貫焼死。9醍醐天皇譲位。藤原忠平、摂政となる。醍醐天皇、病が悪化し没す。11朱雀天皇即位
承平5	935	2平将門、対立した平国香を殺害（平将門の乱はじまる）
天慶2	939	11将門、常陸国住人藤原玄明（はるあき）とともに常陸国府を攻略。12将門、下野国府・上野国府を攻略し、新皇と称す。将門、藤原忠平宛書状を記す（『将門記』）。藤原純友、摂津国須岐駅で備前介藤原子高を襲撃
天慶3	940	1藤原忠文、征東将軍となる。2平貞盛・藤原秀郷、将門を討つ。8小野好古、山陽道追捕使となる
天慶4	941	5藤原忠文、征西将軍となる。6藤原純友、警固使橘遠保に討たれる。11忠平、関白となる

天慶9	946	4 朱雀天皇譲位。村上天皇受禅
天暦元	947	4 藤原実頼は左大臣、同師輔は右大臣となる。6 藤原忠文没す
天暦3	949	8 藤原忠平没す
天暦7	953	3 藤原元方没す
天徳4	960	5 藤原師輔没す
康保4	967	5 村上天皇、病状悪化し没す。冷泉天皇践祚。6 藤原実頼、関白となる。10 冷泉天皇即位。12 藤原実頼は太政大臣、源高明は左大臣、藤原師尹は右大臣となる
安和2	969	3 源満仲、源連・橘繁延らの謀略を密告。以降源高明ら関係者が処罰される（安和の変）。8 円融天皇受禅。藤原実頼、摂政となる。9 円融天皇即位
天禄元	970	5 実頼没す。藤原伊尹、摂政となる
天禄3	972	11 伊尹没す
天延2	974	3 藤原兼通、関白となる
貞元2	977	3 兼通、病により関白を藤原頼忠に譲る
寛和2	986	6 花山天皇出家。一条天皇受禅。藤原兼家、摂政となる。7 一条天皇即位
永延2	988	11 尾張国の郡司・百姓等、藤原元命の非法を訴える
正暦元	990	5 兼家出家。藤原道隆、関白、次いで摂政となる。7 兼家没す
正暦4	993	4 道隆、関白となる。6 菅原道真に左大臣正一位を贈る。8 疱瘡流行。閏10 道真に太政大臣を贈る
長徳元	995	この年、疫病流行。3 藤原伊周、内覧の宣旨を受ける。4 道隆没す。藤原道兼、関白となる。5 道兼没す。藤原道長、内覧の宣旨を受ける。6 道長、右大臣となる

年号	西暦	出来事
長徳2	996	4藤原伊周・隆家、左遷される（翌年、召還）。7道長、左大臣となる
長保2	1000	2定子を皇后、彰子を中宮とする。12定子没す
寛弘8	1011	6三条天皇受禅。10三条天皇即位
長和元	1012	2彰子を皇太后、妍子を中宮とする
長和5	1016	1後一条天皇受禅。道長、摂政となる。2後一条天皇即位
寛仁元	1017	3藤原頼通、摂政となる。12道長、太政大臣となる
寛仁3	1019	3道長出家。3〜4女真族の来襲（刀伊の入寇）。12藤原頼通、関白となる
長元元	1028	6平忠常の乱はじまる（〜1031）
長元5	1032	2源頼信、平忠常の追討の功により美濃守となる
長元9	1036	4後一条天皇没す。御朱雀天皇受禅。7後朱雀天皇即位
寛徳2	1045	1後朱雀天皇譲位。後冷泉天皇受禅。4後冷泉天皇即位
永承6	1051	この年、前九年合戦はじまる（〜1062）
永承7	1052	3藤原頼通、宇治殿を仏寺とし、平等院と号す
治暦4	1068	4後冷泉天皇没す。後三条天皇践祚。7後三条天皇即位
延久元	1069	2延久の荘園整理令。閏10記録荘園券契所設置
延久4	1072	12後三条天皇譲位。白河天皇即位
承保元	1074	12敦文親王誕生（1077に没す）
永保3	1083	9後三年合戦はじまる（〜1087）

応徳3	1086	11白河天皇譲位。12堀河天皇即位
寛治4	1090	1白河上皇、熊野に御幸
寛治7	1093	2篤子内親王、皇后となる。8興福寺僧徒、春日社の神木を奉じて入京し、強訴
嘉保2	1095	10延暦寺僧徒、日吉社神輿を奉じて強訴
承徳元	1097	この年、平正盛、私領を六条院に寄進
承徳2	1098	10源義家、院昇殿を許される
嘉承2	1107	7堀河天皇没す。鳥羽天皇践祚。藤原忠実、摂政となる 12鳥羽天皇即位
永久元	1113	12忠実、関白となる
保安元	1120	11白河法皇、泰子の入内を拒んだ忠実の内覧を停止
保安2	1121	1忠実、内覧に戻る。藤原忠通、内覧の宣旨を受ける。3忠通、関白となる
保安4	1123	1鳥羽天皇譲位。崇徳天皇受禅。忠通、摂政となる。2崇徳天皇即位
大治4	1129	7忠通、関白となる。白河法皇没す
長承元	1132	1藤原忠実、内覧の宣旨を受ける
保延元	1135	この年、平忠盛、瀬戸内海の海賊を追討
永治元	1141	12崇徳天皇譲位。忠通、摂政となる。近衛天皇即位
久安6	1150	3藤原頼長の養女多子、皇后となる。6忠通の養女呈子、中宮となる。9忠実、忠通が頼長に摂政を譲らなかったことに怒り、頼長を氏長者とする。12忠通、関白となる
仁平元	1151	1頼長、内覧の宣旨を受ける

年号	西暦	出来事
久寿2	1155	7近衛天皇没す。後白河天皇践祚。忠通、関白となる。頼長の内覧停止。8源義平、源義賢を武蔵大蔵館で討つ。10後白河天皇即位
保元元	1156	7鳥羽法皇没す。崇徳上皇のもとに頼長、源為義、平忠正等参集。後白河天皇のもとに関白忠通、源義朝、平清盛等参集。天皇方、11日明け方に上皇方を奇襲し破る。後日、頼長死亡、上皇は捕らえられ讃岐国へ配流（保元の乱）
保元3	1158	8後白河天皇譲位。二条天皇受禅。藤原基実、関白となる
平治元	1159	12平清盛、熊野詣に発つ。藤原信頼・源義朝、上皇御所を襲い、後白河上皇・二条天皇の身柄を確保。藤原信西、逃亡中に自害。清盛帰京し、信頼・義朝を破る。源義朝・義平・頼朝等は東国へ逃亡。信頼、斬首される（平治の乱）
永暦元	1160	1源義朝、尾張野間にて殺害される。源義平、捕らえられ京都で斬首。2源頼朝、近江国で捕らえられる。3頼朝を伊豆へ配流。11美福門院没す
応保2	1162	3平基盛没す。6藤原忠実没す
長寛2	1164	2藤原忠通没す。8崇徳法皇没す
永万元	1165	6二条天皇譲位。六条天皇受禅。7六条天皇即位。二条上皇没す
仁安元	1166	7摂政藤原基実没す。藤原基房、摂政となる
仁安2	1167	2平清盛、太政大臣となる（5月に辞任）
仁安3	1168	2平清盛出家。六条天皇譲位。高倉天皇受禅。3高倉天皇即位。平慈子、皇太后となる。この年秋ごろ、西行が崇徳院の霊と対面（『保元物語』）
承安元	1171	1高倉天皇元服。12平徳子、入内し女御となる

承安2	1172	2平徳子、中宮となる
安元元	1176	10河津祐泰、工藤祐経に殺害される
治承元	1177	3平重盛、内大臣となる。4安元の大火。6平家打倒の陰謀が露見。西光を殺害、藤原成親を翌月殺害、藤原成経・平康頼・俊寛を鬼界ヶ島へ配流（鹿ヶ谷政変）。7讃岐院に崇徳院の諡号を奉る。藤原頼長に正一位を贈る
治承2	1178	7藤原成経・平康頼を京都に召還。11言仁親王（安徳天皇）誕生
治承3	1179	7平重盛没す。11清盛、福原より軍勢を率いて入京し、反平氏の公家の官を解き、後白河法皇を鳥羽殿に幽閉
治承4	1180	2高倉天皇譲位。安徳天皇受禅（4月に即位）。4以仁王、平氏追討の令旨を発す。5以仁王・源頼政、宇治川で敗死。6清盛、安徳天皇・後白河法皇・高倉上皇の福原臨幸を断行（福原遷都）。8源頼朝、伊豆で挙兵。石橋山で敗北、安房国へ逃れる。9木曽義仲、信濃で挙兵。10頼朝、鎌倉に入る。頼朝、富士川で平維盛を破る。11天皇・法皇・上皇帰京。12平重衡による南都焼き討ち
養和元	1181	この年、大飢饉。閏2清盛没す
寿永2	1183	5義仲、越中倶利伽羅峠で平維盛を破る。6義仲、加賀篠原で平家軍を破る。斎藤実盛、最期を覚悟して同合戦に挑み戦死。7法皇、比叡山へ密行。平氏一門、天皇・神器を奉じ西走。義仲入京。義仲に平氏追討の院宣が下る。8後鳥羽天皇践祚。10法皇、頼朝の東国支配を認可（寿永二年十月宣旨）。閏10義仲、備中水島合戦で敗れ帰京。11義仲、法皇御所の法住寺を襲う。年末、義仲追討のため、頼朝、源範頼・義経を派遣
元暦元	1184	1義仲、粟津合戦で敗死。頼朝に平家追討の宣旨が下る。2範頼・義経、摂津一ノ谷で平家軍を破る。4頼朝、志水義高を殺害。7後鳥羽天皇即位。10頼朝、公文所・問注所を設置

年号	西暦	出来事
文治元	1185	2義経、讃岐屋島で平家軍を破る。同合戦において佐藤継信戦死。3義経、長門壇ノ浦で平家軍を破る（平家滅亡）。安徳天皇入水。4頼朝、従二位となり、公文所を政所と改める。5頼朝、義経の鎌倉入りを許さず。7元暦の大地震。10土佐房昌俊、頼朝の命により義経を襲うも失敗。義経・行家に頼朝追討の宣旨が下る。11義経・行家、大物浜で難破。頼朝に義経・行家追討の宣旨が下る。頼朝、日本国惣追捕使・惣地頭となる（守護・地頭の設置）
文治2	1186	5行家捕まり、殺害される。9佐藤忠信、京都で討たれる
文治3	1187	2義経、平泉の藤原秀衡の元へ逃れる。10藤原秀衡没す
文治5	1189	4藤原泰衡、義経を衣川館に襲撃、義経自害。7頼朝、泰衡追討のため鎌倉を発つ。9泰衡、郎従河田次郎に討たれる
建久元	1190	1泰衡残党大河兼任が反乱を起こす。足利義兼らが鎮圧。10頼朝、鎌倉を発つ。11頼朝入京、権大納言・右近衛大将となる。12頼朝、権大納言・右近衛大将を辞し鎌倉へ帰参
建久3	1192	3後白河法皇没す。7頼朝、征夷大将軍となる
建久4	1193	5頼朝、駿河富士野で巻狩を開催。この時、曽我祐成・時致、父の仇討として工藤祐経を殺害
建久6	1195	2頼朝・北条政子・大姫・頼家、東大寺再建供養に臨席するため、鎌倉を発つ。3頼朝一行入京。東大寺再建供養開催。6頼朝一行、京都を発つ

＊年表の範囲は本書の政変、および内乱にかかわる期間に限定した。
＊年表作成については、日本大学文理学部大学院、豊田啓人氏の協力を得た。

【参考文献】

Ⅰ　政争と怨霊

網野善彦『東と西の語る日本の歴史』アイノア、一九八二年
網野善彦『日本社会の歴史』岩波書店、一九九七年
池田龜鏡『平安時代の文学と生活』至文堂、一九七六年
入間田宣夫『武者の世に』〈日本の歴史7〉集英社、一九九一年
倉本一宏『三条天皇』ミネルヴァ書房、二〇一〇年
倉本一宏『藤原道長の日常生活』〈講談社現代新書〉講談社、二〇一三年
鈴木哲・関幸彦『怨霊の宴』新人物往来社、一九九七年
竹内理三『武士の登場』〈日本の歴史6〉中央公論社、一九六五年
土田直鎮『王朝の貴族』〈日本の歴史5〉中央公論社、一九六五年
橋本義彦『平安貴族社会の研究』吉川弘文館、一九七六年
橋本義彦『平安貴族』〈平凡社選書〉平凡社、一九八六年（のちに平凡社ライブラリーより再刊、二〇二〇年）
服部早苗『平安朝　女性のライフサイクル』〈歴史文化ライブラリー54〉吉川弘文館、一九九八年
服部早苗『藤原彰子』〈人物叢書〉吉川弘文館、二〇一九年
福田豊彦『平将門の乱』〈岩波新書〉、一九八一年
福田豊彦『東国の兵乱とものものふたち』吉川弘文館、一九九五年

福田豊彦編『承平・天慶の乱と都』〈日本の歴史59　週刊朝日百科〉、一九八七年
保立道久『平安王朝』〈岩波新書〉、一九九六年
村井康彦『平安貴族の世界』徳間書店、一九六八年
山中裕『平安人物志』東京大学出版会、一九七四年
義江彰夫『歴史の曙から伝統社会の成熟へ』山川出版社、一九八六年
義江彰夫『神仏習合』〈岩波新書〉、一九九六年

II　怨霊と内乱

鮎沢　寿『源頼光』〈人物叢書〉吉川弘文館、一九六八年
石井進『鎌倉武士の実像』平凡社、一九八七年
入間田宣夫「日本将軍と朝日将軍」（『東北大学教養部紀要』五四）、一九九〇年
上横手雅敬『平家物語の虚構と真実』（上・下）塙書房、一九八五年
倉本一宏『摂関政治と王朝貴族』吉川弘文館、二〇〇〇年
倉本一宏『紫式部と平安の都』吉川弘文館、二〇一四年
倉本一宏『藤原尹周・隆家』ミネルヴァ書房、二〇一七年
黒田俊雄『日本中世の国家と宗教』岩波書店、一九七五年
黒田日出男『歴史としての御伽草子』ぺりかん社、一九九六年
五味文彦『平家物語　史と説話』平凡社、一九八七年

五味文彦『院政期社会の研究』山川出版社、一九八四年
近藤好和『弓矢と刀剣』吉川弘文館、一九九七年
坂本賞三『摂関時代』〈日本の歴史6〉小学館、一九七四年
佐々木恵介『天皇と摂関・関白』〈天皇の歴史3〉講談社、二〇一一年〈のちに学術文庫より再刊、二〇一八年〉
佐藤進一『日本の中世国家』岩波書店、一九八三年
関　幸彦『説話の語る日本の中世』そしえて、一九九二年
関　幸彦『蘇る中世の英雄たち』中央公論新社、一九九八年〈のちに『英雄伝説の日本史』として講談社学術文庫より再刊、二〇一九年〉
関　幸彦『武士の誕生』日本放送出版協会、一九九九年
関　幸彦『武士の原像』ＰＨＰ研究所、二〇一四年
関　幸彦『刀伊の入寇』〈中公新書〉、二〇二一年
高橋昌明「騎兵と水軍」、戸田芳実編『日本史２』有斐閣、一九七八年
高橋昌明『酒呑童子の誕生』〈中公新書〉、一九九二年
高橋昌明『武士の成立　武士像の創出』東京大学出版会、一九九九年
高橋昌明『平家の群像』〈岩波新書〉、二〇〇九年
高橋昌明編『武士とは何だろうか』〈朝日百科　日本の歴史8〉朝日新聞社、一九九四年
竹内理三『武士の登場』〈日本の歴史6〉中央公論社、一九六九年
棚橋光男『後白河法皇』講談社、一九九五年

野口　実『武門源氏の血脈』中央公論新社、二〇一二年
福田豊彦「源平闘諍録　その千葉氏関係の説話を中心として」(『東京工業大学人文論叢』)、一九七五年
福田豊彦『平将門の乱』〈岩波新書〉、一九八一年
福田豊彦『中世成立期の軍制と内乱』吉川弘文館、一九九五年
堀田善衛『定家明月記私抄』新潮社、一九八六年
村井康彦『平安貴族の世界』徳間書店、一九六八年
目崎徳衛『貴族社会と古典文化』吉川弘文館、一九九五年
元木泰雄『武士の成立』吉川弘文館、一九九四年
元木泰雄『保元・平治の乱』〈角川ソフィア文庫〉、二〇一二年
元木泰雄編『王朝の変容と武者』〈古代の人物6〉清文堂、二〇〇五年
安田元久『平家の群像』塙書房、一九六七年
安田元久『院政と平氏』〈日本の歴史7〉小学館、一九七四年
安田元久『鎌倉幕府』新人物往来社、一九七九年
山下宏明編『平家物語　受容と変容』有精堂、一九九三年

III　修羅の群像

石井　進『鎌倉幕府』〈日本の歴史7〉中央公論社、一九六五年
石井　進『中世武士団』〈日本の歴史12〉小学館、一九七四年

川合　康『源平合戦の虚像を剥ぐ』講談社、一九九六年
佐伯真一『建礼門院という悲劇』〈角川選書〉、二〇〇九年
佐伯真一他編『平家物語大事典』東京書籍、二〇一〇年
関　幸彦『源義経』清水書院、一九九〇年
関　幸彦『東北の争乱と奥州合戦』吉川弘文館、二〇〇六年
関　幸彦『百人一首の歴史学』日本放送出版協会、二〇〇九年
関　幸彦『北条時政と北条政子』〈日本史リブレット〉山川出版社、二〇〇九年
関　幸彦『武家か天皇か』〈朝日選書〉朝日新聞出版、二〇二三年
高橋昌明『平家の群像』〈岩波新書〉、二〇〇九年
棚橋光男『王朝の社会』〈大系日本の歴史4〉小学館、一九八八年
兵藤裕己『平家物語の読み方』〈ちくま学芸文庫〉、二〇一一年
福田豊彦・関幸彦編『源平合戦事典』吉川弘文館、二〇〇六年
保立道久『物語の中世』東京大学出版会、一九九八年
安田元久『源義家』吉川弘文館、一九六六年

【主な初出】

鈴木哲・関幸彦『怨霊の宴』（新人物往来社、一九九七年）より

鈴木哲・関幸彦『闘諍と鎮魂の中世』（山川出版社、二〇一〇年）より

著者略歴

関　幸彦（せき・ゆきひこ）

歴史学者（日本中世史）。元日本大学文理学部教授。

1952年生まれ。学習院大学大学院人文科学研究科博士後期課程満期退学。学習院大学助手、文部省初等中等教育局教科書調査官、鶴見大学文学部教授を経て、2008年日本大学文理学部史学科教授、2023年に退任。

著書に『英雄伝説の日本史』『武士の誕生』（講談社）、『百人一首の歴史学』『その後の東国武士団』『奥羽武士団』（吉川弘文館）、『鎌倉殿誕生』『恋する武士　闘う貴族』（山川出版社）、『戦前武士団研究史』『戦後武士団研究史』（教育評論社）、『武家か天皇か』『藤原道長と紫式部』（朝日新聞出版）など多数。

中世怨霊伝——敗れし者たちの群像

2024年11月26日　初版第1刷発行

著　者　関　幸彦
発行者　阿部黄瀬
発行所　株式会社 教育評論社
〒103-0027
東京都中央区日本橋3-9-1　日本橋三丁目スクエア
Tel. 03-3241-3485
Fax. 03-3241-3486
https://www.kyohyo.co.jp
印刷製本　株式会社シナノパブリッシングプレス

定価はカバーに表示してあります。
落丁本・乱丁本はお取り替え致します。

ISBN 978-4-86624-106-7